La troisième guerre mondiale est sociale

Photographie de 1re de couverture : Hannah Assouline
Graphiste : Alain Verstichel

www.editionsatelier.com
www.twitter.com/editionsatelier
www.facebook.com/editionsatelier

Imprimé en France

ISBN : 978-2-7082-4483-2

Bernard Thibault
avec le concours de Pierre Coutaz

La troisième guerre mondiale est sociale

DE L'ATELIER
LES EDITIONS

Les Editions Ouvrières
51-55, rue Hoche
94200 Ivry-sur-Seine

Introduction

L'origine de ce livre repose bien naturellement sur mon engagement syndical au sein de la Confédération générale du travail (CGT) depuis la fin des années 1970. En exerçant différentes responsabilités dans la fédération CGT des Cheminots puis à la confédération, j'ai été conduit très tôt à inclure la dimension internationale dans mon raisonnement. Le mandat que j'exerce désormais, depuis l'été 2014, au sein de la délégation des travailleurs siégeant au conseil d'administration de l'Organisation internationale du travail (OIT) a renforcé mes convictions et mon sentiment sur l'ampleur et l'urgence de la situation.

Ce mandat de trois ans de représentant des travailleurs, qui s'exerce bénévolement, est le résultat d'une élection interne au mouvement syndical mondial. Il me confère des obligations et des devoirs, dont celui de rendre compte aux syndicats qui m'ont choisi. C'est à mon sens un exercice trop peu pratiqué alors qu'il participe à renforcer la démocratie représentative.

L'OIT, cette institution mondiale qui fêtera son centenaire en 2019, a la lourde mission de promouvoir le progrès social à l'échelle du globe. Son mandat lui est confié par la quasi-totalité des États de la planète. Agence spécialisée des Nations unies sur les questions sociales et du droit du travail, elle est la seule instance internationale où la voix des travailleurs peut s'exprimer tout autant que celle des employeurs. C'est une exception qu'il convient d'avoir en tête au moment où la partie patronale cherche à paralyser cet outil dont la vocation, encore une fois, est de promouvoir les droits et le progrès social.

En quelques mois d'expérience en cette haute assemblée, il serait présomptueux de ma part de prétendre livrer une expertise au sens où des juristes chevronnés pourraient l'entendre. Si mon but n'est pas de présenter une nouvelle thèse sur cette institution, il me paraît en revanche indispensable de partager un certain nombre de ses constats relatifs à la situation des travailleurs du monde et de suggérer des pistes d'évolutions positives en cherchant à conjuguer une meilleure intervention syndicale et le renforcement de l'OIT. C'est à la fois urgent et indispensable. Encore faut-il avoir une claire conscience du panorama social du monde actuel.

J'espère, à travers cet ouvrage, rendre plus accessibles certaines de ces réalités à l'ensemble des acteurs, et en particulier aux militants syndicaux, associatifs, politiques, conscients que les conditions sociales actuelles de la mondialisation économique ne sont pas viables à de multiples égards.

« Indignez-vous ! » disait Stéphane Hessel dans son manifeste [1]. Il y a de cela dans ma démarche. J'ai choisi d'alerter l'opinion publique en écrivant ce livre au titre choc : *La troisième guerre mondiale est sociale*. La toute-puissance du marché qui impose sa loi depuis plusieurs décennies génère une pression exacerbée sur les travailleurs de la planète. Au nom de la loi de la concurrence, les salariés sont l'objet d'une véritable mobilisation générale qui les engage dans une guerre sans merci contre des ennemis invisibles qui cherchent à gagner des parts de marché en pratiquant un dumping social toujours plus agressif. La perspective de voir l'activité humaine permettre un progrès social pour toutes les femmes et tous les hommes de la planète se trouve ainsi sacrifiée sur l'autel de la rentabilité et des dividendes. Peut-on mettre fin à cette troisième guerre mondiale qui ne dit pas son nom et qui pourtant sape tout espoir de progrès ?

---

1. Stéphane Hessel, *Indignez-vous*, Montpellier, Indigènes Éditions, 2010.

J'ai donc soif de transmettre ce que j'ai déjà constaté, et ce que je perçois aujourd'hui, tant des menaces que des potentialités, sur des enjeux qui peuvent sembler trop globaux, éloignés du quotidien, alors qu'ils ont en fait une influence directe sur les conditions de vie et de travail en France, en Europe, comme partout dans le monde. Dès lors que les problèmes sont identifiés, il faut suggérer des voies pour en sortir ou tout du moins identifier des lignes d'action susceptibles de redresser les mauvaises trajectoires actuelles.

Une autre de mes motivations – et elle n'est pas accessoire dans ma démarche – consiste à dénoncer les pseudo-réponses que colportent, entre autres, les partis d'extrême droite en alimentant les divisions au sein des populations par les haines racistes là où il nous faut à l'inverse construire des droits dans la solidarité et la justice pour tous les travailleurs du monde.

J'espère naturellement que ce livre suscitera de l'intérêt – et des réactions –, qu'il sera considéré comme une contribution utile au mouvement syndical, et plus largement aux citoyens engagés qui militent pour un monde meilleur. Un monde meilleur à portée de main si on le décide vraiment !

Première partie

Dans quel monde vit-on ?

Au début des années 1990, suite à la chute du mur de Berlin, les prophètes de la fin de l'histoire promettaient la naissance d'un monde pacifié par le « doux commerce » et l'extension de la démocratie. Un quart de siècle plus tard, si l'extrême pauvreté a reculé, la situation sociale du monde s'est dégradée. Le directoire des dix-neuf nations qui, au sein du G20, assure avec l'Union européenne la « gouvernance » de la planète continue de croire que le marché pourvoira par effet de ruissellement aux besoins sociaux. C'est l'inverse qui se produit. Ce sont les humains qui sont priés de s'adapter aux contraintes de l'économie de guerre forgée par la globalisation et non l'inverse. Dans ce contexte, les normes sociales de l'Organisation internationale du travail (OIT) sont reléguées au second plan. Peuvent-elles devenir le fer de lance d'un nouveau progrès social à l'échelle de la planète ? Entamer ce processus est indispensable et suppose non un repli nationaliste mais un nouvel internationalisme qui relie les aspirations de l'altermondialisme et la nécessité de faire des normes sociales non plus des options facultatives mais des règles contraignantes supplantant celles du marché.

Chapitre 1

Photographie sociale du monde

Il est essentiel à mes yeux d'avoir une juste vision de la réalité que vivent les travailleurs du monde si l'on veut pouvoir débattre utilement des mesures à prendre pour remédier à cette situation. Il existe bien sûr de multiples façons d'appréhender ces réalités ainsi que de nombreuses sources permettant de se forger une opinion éclairée sur ces sujets. Pour ma part, je fais le choix de m'inspirer des travaux et des rapports officiels de l'OIT qui guident son action et reposent sur une capacité d'analyse et d'expertise sans équivalent.

Des chiffres qui valent tous les discours

Le rapport présenté par le directeur général du Bureau international du travail (BIT), Guy Ryder, en juin 2015 [1] alerte sur une situation qui n'est pas tenable. La photographie sociale actuelle du monde appelle à l'évidence une réaction adaptée. Que chacun en juge :

- Si le nombre de travailleurs en situation d'extrême pauvreté a baissé au cours des dernières décennies, les avancées sont plus

1. La plupart des chiffres cités proviennent, sauf mention contraire, du rapport du directeur général. Voir CIT, « L'initiative du centenaire sur l'avenir du travail », ILC.104/DG/I, 104e session, mai 2015.

modestes depuis 2013. Il existe à travers le monde 1,4 milliard de personnes qui vivent avec moins de 5 dollars par jour (4,50 euros)[2]. Parmi eux, 319 millions de travailleurs vivent avec moins de 1,25 dollar par jour, soit... 1,10 euro !

• La majorité d'entre eux vivent dans les pays en développement. Cependant, le niveau de pauvreté demeure également préoccupant dans beaucoup de pays industrialisés.

• Les inégalités se sont creusées dans de nombreux pays au cours des quarante dernières années. Ainsi la part de la rémunération du travail dans le produit intérieur brut (PIB) mondial a baissé. De 75 % au milieu des années 1970, elle est descendue à 65 % au milieu des années 2000 si l'on se réfère aux chiffres du rapport du directeur général déjà cité. Pour Thomas Piketty, la courbe qui traduit le rapport capital-travail prend la forme d'un U depuis le démarrage de la révolution industrielle au milieu du XIXe siècle : jusqu'à la fin des Trente Glorieuses, le capital cède du terrain de manière quasi continuelle, mais inverse cette tendance dès le début des années 1970 pour rapidement faire décroître la part dévolue au travail dans le partage de la valeur ajoutée[3].

• L'impact de la protection sociale sur la prévention et la réduction de la pauvreté dépend de l'existence et de la qualité des systèmes nationaux de sécurité sociale. On estime aujourd'hui que 73 % de la population mondiale ne bénéficient pas d'une protection sociale adaptée. Ainsi, 40 % de la population ne sont pas affiliés à un système couvrant les soins de santé.

• Seuls 12 % des chômeurs perçoivent une indemnisation et cette proportion est en baisse constante depuis 2009.

• 28 % des femmes peuvent bénéficier d'allocations maternité.

• Près d'une personne âgée sur deux ne perçoit aucune pension de retraite. Beaucoup sont ainsi condamnées à garder

---

2. BIT, « Emploi et questions sociales dans le monde : tendances pour 2016 », Genève, 2016.
3. Thomas Piketty, *Le Capital au XXIe siècle*, Paris, Le Seuil, 2013.

une activité tant que leur santé le leur permet. Seuls 30 % de la population en âge de travailler cotise actuellement pour une pension future[4]. Cette situation est d'autant plus alarmante que les prévisions démographiques font apparaître que la population mondiale âgée de plus de 65 ans passera de 8 à 14 % en 2040.

• L'évolution démographique se traduit par l'arrivée de 40 millions de personnes sur ce que d'aucuns appellent le « marché du travail[5] » chaque année, ce qui suggère que l'économie mondiale devrait être en mesure de créer plus de 600 millions d'emplois d'ici à 2030. Tout, dans les prévisions, laisse malheureusement penser que l'on sera loin du compte !

• L'emploi est un facteur déterminant pour les droits sociaux. En 2015, le chômage touchait quelque 197,1 millions de personnes – soit près d'un million de plus que l'année précédente et plus de 27 millions de plus qu'avant la crise. Les économies des pays émergents devraient voir leur nombre de chômeurs gonfler de 2,4 millions en 2016. Dans les économies avancées, c'est le sous-emploi qui devrait persister, voire augmenter sous diverses formes (travail temporaire, travail à temps partiel subi, ou encore faibles taux d'activité, notamment chez les femmes et les jeunes)[6].

• Le taux de chômage des jeunes de moins de 25 ans est deux fois et demi plus important que pour les autres tranches d'âge, y compris pour les jeunes diplômés.

• Même en progression, le taux d'emploi des femmes reste de 26 % inférieur à celui des hommes. L'écart de rémunérations entre hommes et femmes est supérieur à 20 %, en défaveur d'une population féminine surexposée dans le même temps aux emplois précaires (contrats à temps partiel, CDD, intérim).

---

4. BIT, « World Social Protection Report, 2014-2015 », Genève, 2014.

5. Voir le chapitre 7 pour l'usage abusif de cette notion de marché du travail.

6. BIT, « Emploi et questions sociales dans le monde. Tendances 2016 », Genève, 2016.

• À l'échelle mondiale, la moitié de la population active travaille dans le secteur informel, c'est-à-dire sans contrat de travail[7].

• Ce travail informel progresse, y compris dans les pays développés. La France n'échappe pas à cette tendance où la part de l'activité non déclarée est estimée à 6,9 %[8] du PIB et susceptible d'employer plusieurs centaines de milliers de personnes.

• 2,3 millions de travailleurs décèdent chaque année du fait d'un accident ou d'une maladie liés au travail. Il existe ainsi plus de victimes dans le cadre du travail qu'il n'y en a dans tous les conflits et guerres réunies au cours d'une année !

• Le nombre de personnes en âge de travailler qui ne le peuvent plus pour cause de maladie ou d'incapacité dépasse désormais le nombre de chômeurs !

• Pour illustrer le caractère massif et tragique de ces atteintes à la santé des travailleurs, lors d'un récent voyage à Honk Kong, des syndicalistes chinois me rapportaient qu'il y avait 114 doigts coupés chaque jour dans les usines de la seule province chinoise du Guandong[9]. Plus globalement, la Chine comptait officiellement 66 000 décès dans des accidents industriels en 2014. L'explosion spectaculaire dans un entrepôt de Tianjin, en août 2014, avait fait à elle seule près de 200 morts et disparus et plus de 700 blessés. Tous secteurs confondus et sans compter les victimes de maladies professionnelles, le nombre de morts au travail en Chine dépasse sans doute allégrement les 100 000 victimes par an[10].

---

7. Voir à ce sujet BIT, « World Employment and Social Outlook: Trends 2015 » ; et CIT, « La transition de l'économie informelle vers l'économie formelle », rapport V (1), 103e session, Genève, 2014.

8. Estimation de l'OCDE pour 2012.

9. 106 millions d'habitants en 2014 pour cette province du Sud de la Chine qui accueille nombre de multinationales du textile et du jouet.

10. *China Labour Bulletin* et conversations avec des syndicalistes chinois en décembre 2015.

• Si le travail des enfants a reculé de près d'un tiers depuis les années 2000, on compte encore au moins 168 millions d'enfants astreints au travail, dont 85 millions dans des travaux dangereux.

• 21 millions de personnes sont victimes du travail forcé, dont 5,5 millions d'enfants.

• Les profits illégaux générés par le travail forcé et l'esclavage « moderne » s'élèvent au moins à 150 milliards de dollars par an !

• La moitié de la population mondiale vit dans des pays qui n'ont pas ratifié les conventions nos 87 et 98 de l'OIT, c'est-à-dire les textes internationaux qui protègent la liberté syndicale, le droit de grève et le droit à la négociation collective. La Confédération syndicale internationale (CSI)[11], dans son rapport annuel 2015[12], détaille les violations du droit syndical. Les États du Golfe figurent parmi les pires pays du monde pour les droits des travailleurs. En Europe, sous la pression des plans d'austérité, les droits syndicaux et la négociation collective s'affaiblissent. Sur les 141 pays étudiés dans le rapport, les situations les plus critiques et les plus violentes se situent en Arabie saoudite, au Belarus, en Chine, en Colombie, en Égypte, aux Émirats arabes unis, au Guatemala, au Pakistan, au Qatar et au Swaziland. Des syndicalistes ont été assassinés dans onze pays pour leurs activités, dont 22 rien qu'en Colombie.

Au-delà des chiffres : la guerre sociale

Il me semble indispensable d'insister sur les réalités que révèlent ces chiffres et, au-delà des éléments statistiques[13], sur ce qu'ils induisent au quotidien pour des centaines de millions d'hommes, de femmes et d'enfants.

---

11. La CSI compte 181 millions d'adhérents et 333 organisations affiliées dans 163 pays (données d'octobre 2015).

12. « Indice CSI des droits syndicaux dans le monde », juin 2015.

13. Qui ne contiennent en outre aucune donnée relative à la santé, au logement, à l'alimentation, à l'éducation, à l'accès à la culture et aux transports.

Nous n'avons jamais produit autant de richesses et de biens matériels qu'aujourd'hui et pourtant, la situation de ceux qui les produisent et de leurs familles est loin de s'améliorer. Certes, la situation faite aux travailleurs n'évolue pas en tout point du globe de façon identique. On trouvera des différences, voire des exceptions, au sein de chaque continent et des pays qui les composent.

Si pendant plusieurs décennies le « progrès social » s'illustrait par une progression des droits, des libertés et des conditions matérielles, ce n'est plus le cas aujourd'hui ; les luttes syndicales et les débats politiques ne produisent plus les effets d'entraînement d'hier. Dans une économie de plus en plus globalisée, la situation générale des travailleurs se détériore à tel point que les droits sociaux des pays les plus avancés, qui devraient servir de points de repère aux pays qui le sont moins, sont fréquemment présentés comme des « privilèges » d'un autre temps.

Lorsqu'un travailleur sur deux n'a pas de contrat de travail et que plus de 70 % de la population ne bénéficient pas de système de protection sociale, la question évidente qui vient à l'esprit en interrogeant l'avenir est la suivante : quel modèle prévaudra demain ? Celui de la régulation par le droit social ou une sorte de loi de la jungle dans laquelle les travailleurs seront du « gibier », pendant que les actionnaires et les propriétaires continueront d'engranger d'énormes dividendes ?

S'il y a une « guerre mondiale » à dénoncer et à combattre aujourd'hui, c'est bien la « guerre sociale ». Conséquence de la « guerre économique », de la « guerre technologique », de la « guerre des matières premières » et de la « guerre commerciale », elle fait d'innombrables victimes et en fera beaucoup d'autres s'il n'y a pas de réaction à la hauteur du défi.

Comment croire qu'une telle situation puisse perdurer ? Comment ne pas voir qu'il y a là autant de sources de tensions et de nouveaux conflits qui affaiblissent encore un peu plus la paix si chèrement acquise dans l'histoire de l'humanité. La précarité extrême des travailleurs et l'absence trop fréquente des droits et des libertés au travail est un terreau propice aux réponses autoritaires, à la recrudescence du racisme, aux fanatismes drapés d'une soi-disant référence religieuse. Pourquoi cette situation? Quelles en sont les origines, qui est responsable et comment peut-on en sortir?

Où va le monde devient une question lancinante: nombreux sont ceux qui ont compris que cela ne peut plus durer ainsi! À l'anxiété générée aujourd'hui par la guerre sociale doit succéder la recherche de réponses qui entretiendront la paix.

La responsabilité des acteurs

Pour en comprendre les déterminants, la photographie sociale du monde doit être superposée à une photographie institutionnelle. Cet exercice permet de mesurer la responsabilité des différents acteurs de ce que certains appellent la gouvernance mondiale.

Le verdict est cinglant: l'ambition politique qui a réuni les États au lendemain de la Seconde Guerre mondiale pour mettre en place des institutions au service de la paix et du progrès s'est progressivement diluée. Sous la pression des intérêts privés et financiers, l'exigence de très hauts niveaux de rentabilité réalisés dans le minimum de temps a pris le pas sur la satisfaction des besoins humains et la réalisation d'un progrès économique et social. Les institutions au centre de l'ambition politique d'après-guerre – l'Organisation des Nations unies (ONU), la United Nations Educational, Scientific and Cultural Organization (UNESCO), l'Organisation mondiale de la santé (OMS), l'OIT – sont affaiblies, confinées dans un rôle déterminé ou ignorées. À l'inverse, celles qui avaient pour mission la libéralisation des échanges et l'application de l'orthodoxie financière et monétaire – l'OMC, le FMI, la Banque mondiale, ont pleinement profité de la redistribution des cartes entre les institutions multilatérales.

L'ONU est écrasée et désarmée devant les jeux de certains États et sa finalité civile se trouve contestée par le G20. Quant à sa finalité militaire de maintien de la paix, elle se trouve attaquée par l'Organisation du traité de l'Atlantique nord (Otan)[14] ou par les velléités de gendarmes du monde de certaines grandes puissances, qui multiplient les engagements militaires unilatéraux. C'est ainsi qu'une grande partie des conflits armés développés depuis 1991 l'ont été en s'affranchissant de tout mandat de l'ONU : Irak, Afghanistan, Lybie, etc.

Est-ce bien raisonnable de confier les clés de la question sociale dans le monde à l'ensemble disparate que constitue le club plus ou moins élargi de pays riches et puissants réunis au fil des G7, G8 et G20[15] ? Un simple coup d'œil au tableau des ratifications des conventions de l'OIT par les membres du G20 permet de répondre à la question. Loin d'être des moteurs du progrès social, les premières priorités de ceux qui le composent semblent être de conforter leurs hégémonies ; et le social n'est à leurs yeux que le parent pauvre et le cadet de leurs soucis.

Les pays du G20 regroupent les deux tiers de la population mondiale, 85 % du commerce, et concentrent 90 % du produit brut mondial. C'est dire que leur comportement à l'égard des normes internationales est déterminant et que ce sont eux qui donnent le *la* à l'ensemble de la planète. Comme on peut l'observer dans le tableau qui suit, ils sont loin d'être exemplaires pour ce qui est de leur taux de ratification des normes internationales du travail.

---

14. Mise en place pendant la guerre froide pour réunir les alliés des États-Unis en Europe.
15. Voir annexe 4, p. 207.

Ratifications des conventions internationales du travail par les pays du G20 (février 2016)

Pays	Conventions fondamentales (sur 8)	Autres conventions	Total	Population (en millions), 2014	PIB ($/hab)
Afrique du Sud	8	19	27	54	7 100
Allemagne*	8	78	86	80,7	40 800
Arabie saoudite	6	10	16	30	16 600
Argentine	8	73	81	42,6	9 138
Australie	7	52	59	23,5	54 869
Brésil*	7	89	96	203	10 800
Canada	6	28	34	35,4	45 800
Chine*	4	22	26	1 366	4 283
Corée, République de	4	25	29	50,4	20 591
États-Unis*	2	12	14	318	47 132
France*	8	120	128	66	40 591
Inde*	4	42	46	1 248	1 176
Indonésie	8	11	19	252	2 953
Italie*	8	105	113	60,7	32 828
Japon*	6	43	49	127	42 820
Mexique	7	72	79	119,7	9 566
Royaume-Uni*	8	80	88	64,1	36 298
Russie*	8	66	74	143,6	10 521
Turquie	8	51	59	76,6	10 206
Union européenne	–	–	–	507,4	32 283

Légende : * Pays détenant des sièges permanents au conseil d'administration de l'OIT en leur qualité d'« États ayant l'importance industrielle la plus considérable ».

Plusieurs enseignements découlent de ces données :

- les pays européens ont les législations les plus conformes aux normes ;
- les pays d'Asie – les plus nombreux – sont les plus « en retard » dans leurs ratifications alors qu'ils concentrent la plus grande part de la population mondiale ;
- dix pays sur dix-neuf n'ont pas encore ratifié toutes les conventions dites fondamentales [16] ;
- les États-Unis se situent à la dernière place avec douze ratifications, derrière l'Indonésie (dix-neuf ratifications).

Avant de nous intéresser de plus près à l'histoire, aux missions et au fonctionnement de l'OIT, qui feront l'objet du chapitre 3, poursuivons notre détour par ce qu'il est convenu d'appeler la gouvernance mondiale [17], principalement aujourd'hui incarnée par le G20, en nous intéressant aux dégâts qu'elle produit.

---

16. Voir annexe 2, p. 201.
17. Voir annexe 4, p. 207.

Chapitre 2

Pourquoi renverser la gouvernance mondiale ? L'expérience du G20 de Cannes

Nous l'avons vu, la photographie sociale du monde est particulièrement sombre et dégradée. Face à cela, une institution émerge depuis le début de la crise économique, financière et sociale de 2008 et tente de s'imposer comme la clé de voûte de ce que certains appellent la gouvernance mondiale : le G20.

Ce Groupe des vingt, qui rassemble les dix-neuf pays les plus riches de la planète et l'Union européenne, est ainsi chargé de « piloter » le monde. Cependant, il est loin de briller par son respect des normes sociales, en particulier lorsque l'on tient compte du critère de ratification des conventions fondamentales ou des conventions techniques prioritaires [1]. Ce constat mérite donc que nous nous intéressions un instant au G20 et à cette gouvernance mondiale.

De la valeur de la parole politique...

Quel rapport peut-il bien y avoir entre les marques Baccarat, Fragonard, Dior ou Waterman et le dernier G20 à avoir été organisé

1. Voir annexe 2, p. 201.

en France, à Cannes plus précisément, sous la présidence de Nicolas Sarkozy, en novembre 2011 ? Comme bien d'autres multinationales, ces grands noms du luxe soutenaient la présidence française du sommet et apparaissaient ainsi, en signe de gratitude, dans un bandeau en page d'accueil du site internet officiel lancé par l'Élysée. Les grands événements politiques et économiques mondiaux sont ainsi sponsorisés comme les concurrents du Paris-Dakar, prouvant s'il en était besoin que le sommet des chefs d'État est placé sous l'influence directe des détenteurs du capital.

Au-delà de l'aspect anecdotique, cette proximité illustre les liens qui se tissent entre les pouvoirs économiques et politiques au plan mondial. On comprend mieux la place que le patronat – association Business Europe et Organisation internationale des employeurs (OIE) en tête – ont occupé lors des agapes cannoises.

Pourquoi revenir sur cet épisode ? D'abord parce qu'il est tout simplement révélateur, avec le recul, du fossé qui se creuse chaque jour un peu plus entre les institutions en charge de se pencher sur la situation du monde et les attentes légitimes des citoyens vis-à-vis des décideurs. Ensuite parce que le sommet se déroulait pour la première fois en France, dans une période où j'assumais encore les fonctions de secrétaire général de la CGT. Enfin parce que le retour d'expérience doit aussi valoir dans le domaine de l'action internationale.

Espéré par Nicolas Sarkozy comme l'apothéose venant clore une année de « présidence du monde » et lancer sa campagne de 2012, le sommet de Cannes devait consacrer la sortie de crise déclenchée par le krach de 2008. Non seulement cette dernière se fait toujours attendre, mais au moment où j'écris ces lignes, les voix se multiplient pour prédire une réplique tout aussi dévastatrice que la précédente, voire plus grave encore.

Le ralentissement de la croissance en Chine, ses effets sur le cours des matières premières, une nouvelle crise pétrolière, une Europe atone, etc., sont autant de facteurs conjugués aux bulles spéculatives qui conduisent nombre d'économistes à prédire une nouvelle crise mondiale. Prenons, au hasard, la revue de presse du

16 février 2016 : « Le spectre de 2008 plane sur les marchés » (*Les Échos*) ; « Les fantômes de la crise de 2008 (*Le Figaro*) ; « Parfum de flamme sur les marchés financiers » (*l'Humanité*) ; « L'économie mondiale au bord du gouffre » (*Libération*) ; « La peur d'une nouvelle crise financière agite les marchés » (*Le Monde*).

Des gouvernements notés ou élus ?

En réalité, le G20 de Cannes a surtout été marqué par une nouvelle étape de dégradation des indicateurs économiques et sociaux, plaçant la Grèce – déjà – dans l'œil du viseur des marchés financiers, du « gouvernement du monde » et des agences de notation.

C'est en effet à cette époque qu'apparaissent au grand jour ces agences, objets pour la plupart non identifiés, dont les notes nous envahissent chaque soir, comme un bulletin météo, et qui sont censées évaluer le comportement des gouvernements ou le sérieux dans la conduite des États. Qu'aucune de ces officines composées, disent-elles, des meilleurs experts, n'ait vu venir le désastre financier de 2008 n'a pas, aux yeux des puissants, affecté leur crédibilité. Plus besoin d'élections, de référendums ou de bulletins de vote, il suffit désormais d'attendre le bulletin de note. C'est sous cette pression que Nicolas Sarkozy a déclenché, entre autres, le processus de réforme des régimes de retraite en 2010, en la présentant bien évidemment comme la condition pour « sauver les retraites ». Il faut conserver le fameux 3A – la note optimale – un peu comme le charcutier jaloux de la qualité de ses andouillettes 5A. C'est sans doute encore cette pression qui motive les lois Macron ou El Khomri-Valls.

Nicolas Sarkozy n'avait pas ménagé sa peine pour promettre un monde nouveau. Déjà en 2009, devant la conférence annuelle de l'OIT, il s'emballait :

> Ce qui est chimérique, c'est de croire que ce système de spéculation, de rentes, de dumping va pouvoir continuer comme avant [...], que l'on va pouvoir continuer à donner au capital financier et rien au travail, que les marchés financiers vont pouvoir continuer à imposer à

> toute l'économie, à toute la société leur obsession de la rentabilité. [...] ce qui est chimérique, c'est de croire que les peuples subiront sans réagir... qu'ils supporteront de nouveau, comme si de rien n'était les parachutes dorés et les gains mirobolants des spéculateurs payés par leur travail et par leur peine [2].

Difficile ce jour-là de déterminer qui de Sarkozy ou du président brésilien Lula gagna à l'applaudimètre...

Mais revenons-en au G20, et plus précisément aux décisions politiques et non plus aux seuls discours.

G20 : une hégémonie contestable

Pour mémoire, le G20 a été créé en marge du G7 du 25 septembre 1999 qui se tenait à Washington, après la succession de crises financières des années 1990. Le but de ce nouveau groupe était alors de favoriser la stabilité financière internationale et de créer des possibilités de dialogue entre pays industrialisés et pays émergents, ce que les réunions des ministres des Finances du G7 ne permettaient pas. Le G20 est, parmi les institutions multilatérales, l'un des grands gagnants, avec le FMI, de la redistribution partielle des cartes opérée à la faveur de la crise. Considéré comme plus représentatif (ses membres concentrent 90 % du PIB et les deux tiers de la population mondiale), rien n'indique cependant que son fonctionnement diffère de celui de club des puissants qu'avait adopté le G8. Les déclarations qui ont ponctué ses réunions depuis le démarrage de la crise témoignent de ce que le système multilatéral s'est ainsi ancré dans une approche fondée sur l'orthodoxie financière et budgétaire, faisant primer la rentabilité à court terme sur les considérations humaines. Ce qui se situe à l'exact opposé de la philosophie politique de la déclaration de Philadelphie [3], qui proclame quant à elle la « primauté des

---

2. Discours du président de la République française à la 98e session de la CIT, 15 juin 2009.

3. Voir annexe 1, p. 197.

aspects humains et sociaux sur les considérations économiques et financières ».

Comme je l'écrivais dans une lettre aux organisations de la CGT en novembre 2011, pour expliquer le choix fait par la direction de la CGT de l'époque de ne pas participer au G20 de Cannes et à son pseudo-sommet social :

> Il ne peut y avoir de sortie de crise sans politique de relance fondée sur les salaires et l'emploi, sans activer et renforcer les systèmes de protection sociale. Au lieu de ces choix, la plupart des gouvernements européens et l'Union européenne elle-même se sont engagés dans de violentes politiques de rigueur et d'austérité. Dans de nombreux pays, la facture colossale générée par le sauvetage des banques est aujourd'hui adressée aux plus fragiles et aux plus pauvres tandis que les fauteurs de crise sont largement épargnés. [Tout] démontre la faillite de ces choix politiques : sur fond de désarroi social, de paupérisation, de perte de confiance dans l'avenir et d'incertitudes générées par les attaques contre les systèmes de solidarité, l'économie ne peut renouer avec la croissance. Après une légère et fragile reprise, la deuxième séquence de la crise vient ainsi sanctionner, particulièrement en Europe, les politiques suicidaires de rigueur et d'austérité, visant à réduire à marche forcée les déficits en gageant les systèmes nationaux de solidarité et en dérégulant leurs services publics. On mesure aujourd'hui les dégâts sociaux de ces options.

Il est bien triste de constater que nous avions vu juste à ce moment-là.

Depuis, malheureusement, les G20 se suivent et se ressemblent, malgré la présence autour de la table de l'OIT, réduite à un rôle d'expertise technique, fournissant des éclairages largement ignorés par les États membres et non des préconisations s'imposant à eux. Tirer le bilan de Cannes permet de caractériser les objectifs réellement poursuivis par cette gouvernance mondiale qui demeure étrangère aux préoccupations sociales.

Une feuille de route au service de l'austérité

Sur les questions économiques et financières qui sont au cœur de son intervention, le G20 plénier de Cannes était plutôt bavard.

Sa déclaration finale faisait la part belle au FMI, lui donnant un mandat et de nouveaux moyens pour accompagner les États en difficulté, au prix bien sûr de politiques d'ajustement structurel fondées sur l'austérité pour assurer le remboursement des prêts concédés. Ce n'est d'ailleurs pas un hasard si, au lendemain du G20, François Fillon, alors Premier ministre, avait annoncé pour 2012 le budget le plus rigoureux depuis la Libération. Dans le climat anxiogène créé par la situation en Grèce, qui a d'ailleurs donné à Nicolas Sarkozy l'occasion d'apparaître en père Fouettard sanctionnant les mauvais élèves de l'économie mondiale, la rigueur et l'austérité apparaissent de plus en plus clairement comme les deux piliers sur lesquels repose le G20. De ce point de vue, la manière dont a été traité le cas grec illustre l'importance de ces fondamentaux dans l'architecture du G20 : convoqué avec violence par le couple Merckel-Sarkozy, le Premier ministre grec d'alors, Giórgos Papandréou, a été tancé et poussé à renoncer au référendum par lequel il souhaitait demander l'avis du peuple grec sur le plan de rigueur auquel il serait soumis. Dans une logique austéritaire, le gouvernement économique du monde n'hésite alors pas à suspendre les institutions démocratiques si elles menacent le cours habituel des affaires (le fameux « *business as usual* »).

La CGT ayant alors décidé de boycotter la réunion du G20, j'avais demandé à ce que mon homologue grec soit invité à occuper mon siège. Il semblait légitime au regard de la situation de permettre au syndicalisme grec de faire entendre la voix de ceux qui souffraient le plus de la situation. Sans surprise, cette demande se heurta à un refus.

Quatre ans plus tard, l'histoire se répète avec des acteurs différents : le Premier ministre Alexis Tsipras tient cette fois tête à l'Union européenne, qui souhaite le faire revenir sur sa décision de consulter le peuple ; il va jusqu'au bout de sa démarche référendaire et obtient en juillet 2015 un mandat clair de ses concitoyens pour refuser les politiques austéritaires qui lui sont imposées. L'outrage commis par les Grecs à l'encontre de l'orthodoxie financière et budgétaire se paiera quelques jours plus tard par un bras de fer entre l'ensemble du Conseil européen et le Premier ministre grec qui se verra contraint d'accepter une bonne partie des mesures d'austérité et de privatisation préconisées par l'Union européenne, la Banque centrale européenne et le FMI en échange de nouveaux prêts et de la promesse d'un allégement de la dette qui se fait toujours attendre.

De manière générale, au-delà des énièmes déclamations en apparence généreuses sur la lutte contre les paradis fiscaux ou la corruption, la nécessité de réguler le secteur financier ou le prix des denrées alimentaires, l'environnement, la croissance verte ou le changement climatique, voire plus récemment sur les multinationales et les chaînes de sous-traitance, personne n'est dupe sur les réelles intentions des textes qui émanent du G20. Il s'agit de ne pas gêner les gouvernements des pays développés engagés dans une guerre contre les déficits au prix d'attaques en règle contre les salaires, les services publics et les systèmes de protection sociale, et de laisser les pays du Sud poursuivre sur la voie d'un développement essentiellement dopé par la libéralisation débridée des échanges.

En chefs d'orchestre de ce double mouvement, le FMI et plus globalement les institutions financières internationales reçoivent systématiquement des mandats sans ambiguïté. Citons par exemple la déclaration finale du G20 de Cannes :

> Nous veillerons à ce que le FMI continue de disposer des ressources nécessaires pour jouer son rôle systémique au profit de l'ensemble de ses membres, en nous appuyant sur les ressources substantielles que nous avons déjà mobilisées depuis Londres en 2009.

Au chapitre « Renforcer la surveillance du FMI », on peut ainsi lire au paragraphe 17 :

> Nous sommes convenus qu'une surveillance efficace et renforcée du FMI sera déterminante pour assurer l'efficience et la stabilité du système monétaire international.

L'intervention du FMI est également appelée en matière de « politiques budgétaire, monétaire et de change avec une analyse approfondie de leur incidence sur la stabilité extérieure » (paragraphe 18).

Le G20 donne enfin son feu vert au FMI pour la création d'une nouvelle ligne de crédit permettant d'engager par un *deal* les États qui souhaitent en bénéficier dans de nouvelles politiques d'ajustement structurel :

> Nous soutenons la proposition du FMI de créer la nouvelle ligne de liquidité et de précaution (LLP). Cet instrument permettrait au Fonds d'offrir, au cas par cas, de la liquidité de court terme en quantité plus abondante et selon des modalités plus souples à ceux de ses pays membres qui appliquent des politiques rigoureuses et ont des fondamentaux solides mais subissent des chocs exogènes, voire systémiques.

Enfin, au paragraphe 16, il donne un blanc-seing aux autorités européennes dans leur conduite face à la crise, adoubant leurs politiques de rigueur et d'austérité :

> Nous nous félicitons de l'adoption du plan global pour la zone euro et nous demandons [...] sa mise en œuvre rapide[s], ainsi que des réformes nationales. Nous nous félicitons de la détermination de la zone euro à apporter toutes ses ressources et toute sa capacité institutionnelle pour rétablir la confiance et la stabilité financière et pour assurer le bon fonctionnement des marchés monétaires et financiers.

On verra dans les années qui suivent qu'auprès des États européens comme la Grèce, l'Espagne, le Portugal et l'Irlande, le FMI est le fer de lance des politiques d'austérité prescrivant la baisse des salaires, la réduction des prestations sociales et la privatisation du secteur public. La « surveillance » des États n'y trouvera rien à redire. Bien au contraire.

Pour illustrer cette prédominance du financier sur les autres facteurs, notons que le FMI est cité trente et une fois dans la déclaration finale et que seul le Conseil de stabilité financière (CSF), qui gagne avec ce G20 sa place au soleil, l'est davantage, avec trente-deux occurrences. Dans le même temps, l'OIT n'est quant à elle citée qu'à quatre reprises et on lui refuse encore un autre rôle que celui d'expertise sociale internationale.

Des questions sociales et de régulation largement ignorées

L'enjeu est pourtant de placer les normes internationales du travail au-dessus des critères financiers et budgétaires et d'évaluer la performance des États par une notation sociale, travail qui pourrait être assuré par l'OIT. Après Cannes, les règles du jeu restent donc globalement fixées par les mêmes et maintiennent fermement l'horizon indépassable du respect de l'orthodoxie financière, monétaire et budgétaire. Le FMI ne renouvelle absolument pas sa « doctrine sociale » et ses programmes conservent pour objectif premier le rétablissement des finances publiques, quitte à trouver des ressources extérieures pour financer la protection sociale. On l'observe aujourd'hui au sein même de l'Union européenne où certains pays (la France, la Grande-Bretagne, l'Irlande, l'Italie, la Grèce, la Roumanie, la Lettonie et la Hongrie) sont appelés à sacrifier leurs régimes de protection sociale ou de solidarité intergénérationnelle sur l'autel de la lutte contre les déficits ou du remboursement des prêts consentis par le FMI, pour ceux d'entre eux qui « bénéficient » de ses prêts.

De son côté, sans doute pour mieux tromper les peuples, la déclaration finale de Cannes place les questions sociales en première page. Certes, on cite les vertus de la protection sociale et, pour la première fois, la nécessité de socles de protection sociale. Certes, la préoccupation de l'emploi est reprise (mais l'emploi à quel prix et dans quelles conditions ?). Non assorties de mesures concrètes et d'un calendrier de mise en œuvre, il s'agit de simples déclarations d'intention sans engagements tangibles. La même analyse vaut sur la taxe sur les transactions financières, citée de façon évasive dans une phrase qui salue les éventuelles initiatives qui pourraient être prises dans ce sens. Au paragraphe 82, on peut ainsi lire :

> Nous reconnaissons qu'au fil du temps, de nouvelles sources de financement doivent être trouvées pour répondre aux besoins du développement. Nous avons discuté d'un menu d'options de financements innovants, mises en avant par M. Bill Gates [...]. Certains

> d'entre nous ont mis en œuvre ou sont prêts à étudier certaines de ces options. Nous reconnaissons les initiatives prises dans certains de nos pays pour taxer le secteur financier à des fins diverses, dont une taxe sur les transactions financières entre autres pour soutenir le développement.

Quatre ans après, on attend toujours le début d'une mise en œuvre au plan international... Pourrait-il en être autrement ? Changer la donne, donner la priorité à une dynamique de progrès social sur la planète suppose, sauf à rester dans l'incantation, de s'appuyer sur le travail de l'OIT dont le rôle sur la scène internationale doit être rehaussé.

Chapitre 3

L'Organisation internationale du travail : histoire et fonctionnement

Certains pourraient considérer au vue de la photographie sociale du monde que le bilan de l'OIT est négatif, son action inutile et son activité inefficace. Je ne partage évidemment pas ces considérations. Nous ne serions aujourd'hui sans doute plus en mesure d'imaginer l'OIT, d'élaborer une pensée universelle en matière de travail à partir d'une page blanche. Plutôt que de dénaturer ou d'affaiblir l'institution, il faut travailler à son renforcement et à son redéploiement pour son deuxième siècle, ce qui sera l'objet de la seconde moitié de ce livre.

Contrairement au G20, l'essence sociale de l'OIT ne fait pas de doute. En 1919, les nations meurtries par la Première Guerre mondiale affirment ensemble qu'une « paix universelle et durable ne peut être fondée que sur la base de la justice sociale [1] ». Si cette vieille dame est déjà entrée plusieurs fois dans l'histoire, elle est aussi au cœur de l'actualité, mise en avant pour son rôle de garante des normes sociales et des normes du travail internationales, ébranlées par la crise et par les choix politiques d'austérité mis en œuvre par de nombreux gouvernements.

---

1. Constitution de l'OIT, 1919.

Elles retiennent aussi le principe « à travail égal, salaire égal », qui résonne aujourd'hui comme un mot d'ordre syndical, de même que cette phrase particulièrement visionnaire :

> La non-adoption par une nation quelconque d'un régime de travail réellement humain fait obstacle aux efforts des autres nations désireuses d'améliorer le sort des travailleurs dans leurs propres pays.

En mai 1944, à Philadelphie, une déclaration solennelle entend réactiver les travaux de l'OIT, que la Seconde Guerre mondiale avait suspendus. Cette déclaration affirme notamment : « le travail n'est pas une marchandise » ; « la pauvreté, où qu'elle existe, constitue un danger pour la prospérité de tous » ; « primauté des aspects humains et sociaux sur les considérations économiques et financière »[2], etc. Le fossé entre la réalité d'aujourd'hui et les principes évoqués saute aux yeux.

Une histoire marquée par le XXe siècle

Ces quelques passages, dont la résonance est très actuelle, rappellent le caractère éminemment progressiste et émancipateur de la création de l'OIT. Certes, l'organisation découle du traité de Versailles qui, en 1919, entend clore le premier conflit mondial, et vise avant tout à éviter les révolutions que la boucherie des tranchées ne manque pas de susciter entre 1917 et 1921. Il s'agit de construire un nouveau modèle social susceptible d'améliorer les conditions matérielles et morales des travailleurs et d'incarner une alternative face aux envies révolutionnaires. Certes, l'OIT reste marquée par l'orientation réformiste des hommes qui ont appuyé sa création, en particulier Albert Thomas, ministre de l'Armement sous le gouvernement d'Union sacrée d'Aristide Briand et la présidence de Raymond Poincaré. En qualité de premier directeur général du BIT, il ne cachera pas sa volonté de « faire de l'OIT un point d'appui et un centre de combat contre la propagande et

2. Voir annexe 2, p. 201.

l'influence bolcheviques[3] ». Et bien sûr Léon Jouhaux, secrétaire général de la CGT de 1909 à 1947 et membre du conseil d'administration du BIT de 1919 à 1954, soucieux d'obtenir une amélioration mondiale de la protection légale des travailleurs après le traumatisme de la guerre.

Il n'en reste pas moins que l'OIT est depuis ses débuts, parfois à son corps défendant, le lieu d'expression de profondes divergences autant que de riches discussions. Ainsi, le fonctionnement tripartite[4], même s'il est tendu vers la recherche de compromis, favorise également des formes d'antagonismes de classes. Ces derniers se doubleront, lors de la guerre froide, des confrontations entre pays capitalistes occidentaux et bloc soviétique, non sans la participation des pays du Sud qui trouvent avec l'OIT une tribune et des soutiens, notamment auprès d'organisations syndicales occidentales. Les années 1950 et 1960 seront marquées par les luttes pour l'indépendance de nombreux pays d'Afrique et d'Asie du Sud-Est qui conduiront à une forte augmentation du nombre des États membres de l'OIT. Décorée du prix Nobel de la paix en 1969, l'OIT souffrira, à la fin des années 1970, des derniers sursauts de la guerre froide : les États-Unis iront même jusqu'à se retirer de l'organisation de 1977 à 1980, considérant l'influence de l'URSS en son sein trop importante.

Cette période marquée par les antagonismes n'empêchera pas l'OIT (voire lui permettra) de produire un ambitieux corpus de normes internationales particulièrement diversifiées (189 conventions et plus de 200 recommandations) et des mécanismes originaux de contrôle de leur application. Production de normes internationales du travail et contrôle de leur application constituent d'ailleurs les deux missions principales de l'OIT, auxquelles il convient d'ajouter un rôle d'expertise sociale et de formation,

3. Cité dans Jean Magniadas, « L'Organisation internationale du travail a 75 ans », *Cahiers d'histoire sociale*, n° 51, septembre 1994.

4. Trois collèges siègent à l'OIT : les États, les représentants des travailleurs et les représentants des employeurs.

développé surtout à partir des années 1960 (création de l'Institut international d'études sociales en 1960 et du Centre international de formation de Turin en 1965). Ces deux dernières missions font de l'OIT l'institution multilatérale la mieux à même de rendre compte par la qualité et les capacités de ses équipes de la situation et des évolutions du monde du travail. C'est ainsi qu'elle forme chaque année plusieurs centaines de syndicalistes, d'employeurs ou de fonctionnaires.

Le fonctionnement de l'OIT

L'OIT est unique en son genre. Agence spécialisée des Nations unies, à la différence de toutes ses consœurs qui agissent dans le domaine de la santé (l'OMS), de la finance (le FMI), de la culture (l'UNESCO), etc., elle est la seule où siègent et s'expriment des représentants des travailleurs et ceux des employeurs devant les représentants des gouvernements des 186 pays adhérents. Ses moyens d'action sont multiples. À ce stade, je n'en citerais qu'un : l'élaboration de conventions internationales du travail et de recommandations adressées aux États pour leur indiquer les orientations à suivre dans leur politique nationale sur de nombreux sujets.

L'un des aspects fondamentaux du fonctionnement de l'OIT réside dans la reconnaissance d'une capacité des délégués non gouvernementaux à négocier des traités internationaux, ce qui en fait une organisation unique dans le paysage des institutions multilatérales. Trois organes constituent l'architecture principale de l'OIT : la CIT, le BIT et son conseil d'administration.

La Conférence internationale du travail (CIT)

Cet organe tripartite décisionnel de l'OIT a pour mission de discuter et d'adopter les conventions et recommandations qui définissent les normes internationales du travail et de contrôler l'application des conventions ratifiées. Convoquée chaque année au mois de juin, la conférence réunit à Genève deux représentants de chacun des 186 gouvernements des États membres, un représentant syndical et un représentant patronal, chacun d'entre eux avec une voix. C'est en quelque sorte le parlement de l'organisation. La conférence débat également du rapport d'activité du directeur général du BIT et élit le conseil d'administration tous les trois ans. Il faut noter que les conventions et recommandations votées par la conférence ne s'imposent pas aux États, qui restent libres de les ratifier ou non.

Le Bureau international du travail (BIT)

Fort d'environ 2 700 fonctionnaires et experts répartis entre son siège à Genève et une quarantaine de représentations dispersées sur les divers continents, le BIT prépare les conventions et recommandations soumises à la conférence et en suit l'application une fois ces dernières ratifiées. Il assure l'aide au développement des législations sociales et conseille les gouvernements qui le souhaitent.

Le conseil d'administration du BIT

Organe exécutif du BIT qui définit les priorités de l'organisation et suit leur mise en œuvre, il est lui aussi composé de manière tripartite[5] et compte :

- vingt-huit représentants des gouvernements – dix pays détenant des sièges permanents en leur qualité « d'États ayant l'importance industrielle la plus considérable », dix-huit autres pays siégeant par rotation tous les trois ans, suivant ainsi le même principe que les membres permanents et non permanents du conseil de sécurité de l'ONU ;
- quatorze représentants des syndicats de travailleurs ;
- quatorze représentants des employeurs.

Chacun est élu au sein de « son » collège (gouvernemental, travailleurs, employeurs), constitué à l'occasion de la conférence.

---

5. Voir annexe 3, p. 203.

Ce que l'OIT dit de ses normes

« Les normes internationales du travail sont des instruments juridiques élaborés par les mandants de l'OIT (gouvernements, employeurs et travailleurs) et adoptés lors de la Conférence internationale du travail, qui définissent les principes et les droits minimums au travail. Il s'agit soit de conventions, qui sont des traités internationaux juridiquement contraignants, pouvant être ratifiées par les États membres, soit de recommandations, qui servent de principes directeurs ayant un caractère non contraignant. Souvent, une convention énonce les principes fondamentaux qui doivent être appliqués par les États qui l'ont ratifiée, tandis que la recommandation correspondante complète la convention en proposant des principes directeurs plus précis sur la façon dont cette convention pourrait être appliquée. Il y a également des recommandations autonomes, c'est-à-dire qui ne sont liées à aucune convention. [...]

Une fois les normes adoptées, les États membres de l'OIT doivent, conformément à la Constitution de l'OIT, les soumettre à l'autorité nationale compétente (en principe le Parlement). Dans le cas des conventions, cela signifie qu'elles seront examinées en vue de leur ratification. Si un pays décide de ratifier une convention, celle-ci entrera généralement en vigueur pour ce pays un an après la date de ratification. Les pays ayant ratifié une convention sont obligés de l'appliquer en droit et en pratique et de faire rapport sur son application à intervalles réguliers. Une assistance technique est fournie par le BIT en cas de nécessité. En outre, des procédures de réclamation et de plainte peuvent être engagées contre un État qui n'aurait pas respecté les dispositions d'une convention qu'il a ratifiée [6]. »

6. Voir « Normes du travail », www.ilo.org.

Derrière les textes officiels...

Soyons honnêtes, les normes de l'OIT créent des obligations essentiellement morales pour les États qui les ratifient, mais constituent dans le même temps des points de repère pour de nombreux autres pays. En effet, on ne peut pas dire qu'elles sont vraiment contraignantes dans la mesure où aucune sanction n'est réellement prévue à l'encontre des États qui y contreviennent, qu'ils les aient ou non ratifiées. Les recommandations sont quant à elles destinées à orienter les politiques sociales et du travail. Le contrôle de l'application ne concerne donc que les conventions.

L'adoption d'une convention ou d'une recommandation requiert les deux tiers des voix des délégués à la conférence. Il convient de préciser que l'adoption ne signifie nullement la ratification. L'adoption n'a en effet qu'une valeur symbolique ; elle ne prend sa force qu'avec la ratification, c'est-à-dire sa transposition dans le droit national du pays concerné, en général *via* un vote du Parlement national. Ce n'est qu'à partir de ce moment qu'il y a obligation juridique internationale, que la convention acquière une existence en matière de droit international public et que les procédures de contrôle de l'application peuvent s'enclencher. Huit conventions, qualifiées de « fondamentales », sont présumées universelles et doivent être appliquées par tous les États, même en l'absence de procédure nationale de ratification[7].

Les différentes normes de l'OIT

Il existe 189 conventions internationales et 204 recommandations[8] qui couvrent tous les domaines liés au travail : santé et

---

7. Voir annexe 2, p. 201.

8. Une recommandation n'a donc pas le même statut qu'une convention : elle est moins contraignante puisqu'elle fixe des orientations aux États dans les domaines qu'elles couvrent, sans obligation de s'y conformer.

sécurité, emploi, salaires, libertés syndicales et droit à la négociation collective, inspection du travail, abolition du travail des enfants et du travail forcé, lutte contre les discriminations, etc. Dans cet ensemble, on trouve également des références sectorielles ou professionnelles relatives à l'utilisation de certains produits ou à l'exercice de certains métiers particuliers (comme les textes sur « les gens de mer »). Le tout représente en quelque sorte un code du travail international. Il existe cependant une différence de taille avec la représentation que nous pouvons avoir d'un code du travail qui, par principe, est applicable dans toutes les entreprises et concerne tous les salariés.

Chacun peut comprendre que ce premier principe de fonctionnement, qui laisse une grande latitude à chacun des États quant au respect des normes internationales du travail, est un frein à l'objectif de « promotion de la paix par la justice sociale ». On peut légitimement s'interroger sur le bien-fondé de cette différence de traitement avec les règles plus contraignantes d'autres institutions, par exemple l'OMC. Personne ne peut déroger aux règles commerciales. Au mieux, le contrevenant se voit appliquer une forte amende ; au pire, il est sanctionné par une interdiction d'activité. Dans le domaine social, c'est le volontariat qui prime et il faudrait être aveugle pour ne pas voir que les travailleurs de certains pays devront attendre longtemps le respect de leurs droits, même les plus élémentaires, si la communauté internationale ne trouve pas les leviers pour changer leur situation.

Le contrôle de l'application des normes internationales

Trois piliers, plus ou moins coercitifs, fondent le contrôle de l'application des normes.

- Le contrôle que sont censés déployer les États eux-mêmes : il peut être de nature administrative (du type de l'inspection du travail par exemple) ou juridique (*via* des tribunaux du travail) sur la mise en œuvre des conventions qu'ils ont ratifiées.

• L'envoi de rapports tous les deux[9] ou cinq ans (en fonction des conventions) par les gouvernements auprès du BIT sur la qualité de mise en œuvre des conventions ratifiées. Les syndicats et les organisations employeurs du pays concerné peuvent également envoyer leurs observations sur l'application de ces conventions.

• Les réclamations et plaintes, à l'initiative des syndicats, des employeurs, des États membres. Le conseil d'administration ou les délégués à la conférence peuvent aussi être à l'origine de plaintes.

Les quatre acteurs du contrôle de l'application des normes

Quatre organes principaux assurent le contrôle de leur application : la commission d'experts pour l'application des conventions et recommandations, la commission de l'application des normes de la conférence, le comité de la liberté syndicale et le conseil d'administration.

La commission d'experts pour l'application des conventions et recommandations

Composée de vingt membres, juristes, universitaires ou magistrats, choisis directement par le BIT et indépendants des États dont ils sont originaires, cette commission examine les rapports nationaux ainsi que les commentaires des syndicats et des employeurs concernés. Elle adresse aux États des demandes directes puis formule des observations qui sont rendues publiques avant la conférence suivante.

---

9. Pour les huit conventions dites fondamentales qui traitent de questions considérées comme des principes et des droits fondamentaux au travail : liberté syndicale et reconnaissance effective du droit de négociation collective, élimination de toute forme de travail forcé ou obligatoire, abolition effective du travail des enfants et élimination de la discrimination en matière d'emploi et de profession.

La commission de l'application des normes de la conférence

Plus communément appelée commission des normes, cette instance tripartite créée en 1926 examine vingt-cinq cas par an, sélectionnés conjointement par les travailleurs et les employeurs. Le rapport concernant ces cas est soumis pour adoption à la séance plénière de la conférence. Elle sert de caisse de résonance à la commission d'experts et permet de mettre en examen devant la conférence les gouvernements contrevenant aux normes internationales du travail, ce qui constitue un moyen de pression non négligeable. Elle réunit une partie des délégués à la CIT au mois de juin de chaque année.

Le comité de la liberté syndicale

La liberté syndicale et la négociation collective font partie des principes fondateurs de l'OIT. Immédiatement après l'adoption des conventions n° 87 (sur la liberté syndicale et la protection du droit syndical, 1948) et n° 98 (sur le droit d'organisation et de négociation collective, 1949), l'organisation est arrivée à la conclusion que ces principes devaient être soumis à une autre procédure de contrôle spécifique pour garantir qu'ils soient également respectés le plus largement possible. C'est pourquoi, en 1951, le comité de la liberté syndicale a été institué et chargé d'examiner les plaintes faisant état de violations de la liberté syndicale, même si l'État en cause n'a pas ratifié les conventions s'y rapportant. Institué au sein du conseil d'administration, il est composé d'un président indépendant, de trois représentants des gouvernements, de trois représentants des employeurs et de trois représentants des travailleurs. Cette représentation tripartite est doublée d'un même nombre de suppléants.

Lorsqu'une plainte est déposée et que le comité l'estime recevable, il établit les faits en instaurant un dialogue avec le pays concerné. S'il conclut qu'il y a eu violation des normes ou des principes relatifs à la liberté syndicale, il prépare un rapport qu'il soumet au conseil d'administration et formule ses recommandations sur la façon de remédier à la situation. Le gouvernement est ensuite invité à rendre compte de la mise en œuvre de ces recommandations. Depuis sa création il y a soixante ans, le comité de la liberté syndicale a examiné plus de 3 100 plaintes, réparties géographiquement comme suit : Amérique latine, 49 % ; Europe, 21 % ; Asie, 12 % ; Afrique, 12 % ; Amérique du Nord, 6 % [10].

Aucune sanction n'est prévue en cas de non-application d'une convention ratifiée. Tout est censé reposer sur la persuasion et la patience. Des étudiants rencontrés récemment à Nantes me renvoyaient cette question légitime : « À quoi servent des normes internationales s'il n'y a pas de sanctions pour ceux qui ne veulent pas les appliquer ? » Je leur ai répondu que dans les États de droit, à l'image de la France, les avis et décisions des différentes instances de l'OIT s'imposent aux pouvoirs exécutif, législatif et judiciaire. En guise d'exemple, j'ai rappelé la plainte déposée par la CGT au comité de la liberté syndicale en 2011, visant à faire acter la violation de la convention n° 87 sur les libertés syndicales. Nicolas Sarkozy avait alors, *via* les préfets, réquisitionné les salariés en grève des raffineries de pétroles, en plein conflit sur l'avenir des retraites. Il menaçait les grévistes de peines de prison fermes et d'amendes de plusieurs dizaines de milliers d'euros. Après examen de notre plainte, le comité avait demandé au gouvernement de ne plus recourir à des actes de réquisitions dans de telles conditions [11]. C'est désormais une jurisprudence qui s'imposera aux gouvernements et tribunaux français.

Le conseil d'administration

Une procédure spéciale permet au conseil d'administration de l'OIT de traiter directement des plaintes qui lui sont soumises. Conformément à l'article 26 de la constitution de l'OIT, des plaintes peuvent lui être adressées lorsqu'elles concernent des

10. Projet de rapport des juges A. Koroma et P. van der Heijden, Genève, décembre 2015.

11. Voir cas n° 2841, « Plainte de la CGT contre le gouvernement de la France », rapport du comité de la liberté syndicale, 2011.

cas particulièrement graves ou emblématiques. Le conseil désigne alors une commission tripartite en son sein pour les traiter et peut aller jusqu'à mandater une commission d'enquête dans le pays concerné par la plainte. Ce pourrait être le cas, je l'espère, concernant le travail forcé au Qatar, qui fait subir à des centaines de milliers de femmes et d'hommes des conditions particulièrement inhumaines[12].

Un « G186 » pour faire face à la crise ?

La crise renforce encore davantage la nécessité de faire respecter les normes internationales du travail ; elle fragilise des centaines de millions de travailleurs dans le monde et souligne l'importance de la mise en œuvre de garanties et de protections sociales à même d'en annuler les effets.

La photographie sociale du monde sur laquelle s'ouvre ce livre montre combien le « code international du travail », malgré des décennies d'élaboration, peine à s'imposer : beaucoup d'États rechignent à ratifier les conventions fondamentales (au premier rang desquels les États-Unis et la Chine) et l'OIT risque de n'incarner qu'une valeur symbolique, certes importante, mais insuffisante face aux effets de la crise.

À l'aube du centenaire de la vieille dame qu'est l'OIT, il est grand temps d'ouvrir une réflexion stratégique afin d'imposer le respect des normes internationales du travail par les États mais aussi par les entreprises (qui échappent pour l'heure à l'action normative de l'OIT), de même que par les autres organismes multilatéraux (notamment les institutions financières internationales). Il n'existe nulle instance plus légitime dans le monde que l'OIT pour traiter des questions sociales puisqu'elle réunit 186 pays autour de l'élaboration de normes du travail et du contrôle de leur mise en œuvre. Mais les normes internationales du travail n'auront réellement de force que lorsqu'elles seront

12. Voir p. 97 et conclusion.

assorties d'un régime de sanctions et qu'elles encadreront les interventions du FMI et de l'OMC. Ce sera le propos des deux dernières parties de cet ouvrage.

Nous avons vu l'institution qu'est l'OIT est un outil précieux pour faire avancer les droits des salariés. Lui redonner sur la scène des négociations internationales le poids que nécessite sa finalité est un impératif qui deviendra d'autant plus une réalité que les mouvements de mobilisation sociale à dimension planétaire seront puissants et convergents, capables de mettre en échec les replis nationalistes observés sur divers continents.

CHAPITRE 4

Internationalisme et altermondialisme : en quête d'un monde meilleur

Le cadre institutionnel étant posé, à la fois dans sa dimension déstabilisatrice pour les équilibres sociaux (la gouvernance mondiale incarnée par le G20 et le FMI) et dans son principal point d'appui pour le progrès social (l'OIT), il est à présent temps de revenir sur quelques principes fondateurs. En effet, avant d'aborder les grands principes de l'OIT qui vont suivre, il me semble important de m'arrêter sur les différentes visions qui cohabitent dans la recherche d'un monde meilleur. S'interroger sur le lien entre syndicalisme et internationalisme semble relever du truisme tant il semble en effet évident que la dimension internationale appartient à l'essence même du mouvement ouvrier et du mouvement social.

Internationalisme : de quoi parle-t-on ?

Tandis que l'internationalisme se situe plutôt dans le champ des idées politiques, avec une dynamique de développement s'étendant sur un temps long (déjà plus d'un siècle et demi depuis la fondation, en 1864, de la première Internationale), la mondialisation caractérise quant à elle non une idée mais un processus économique d'ouverture et d'interdépendance de toutes les économies sur un marché planétaire qui peut se résumer ainsi : puisque le marché, considéré comme une fin en soi, est capable à lui seul d'assurer le développement et le progrès social de l'ensemble de l'humanité, il faut déréguler et libéraliser toutes les économies de la planète. La crise financière de 2008 a pourtant montré au grand jour la faillite du dogme de la concurrence de tous contre tous. Le développement des nouvelles technologies de l'information et de la communication (NTIC), notamment par le numérique, fait perdurer l'illusion que la planète se résume à une gigantesque base de données et à une réserve de matières premières, de main-d'œuvre appelée pudiquement capital humain, dont l'exploitation selon la logique du marché produira le meilleur des mondes.

De son côté, l'altermondialisme fait référence à un ensemble de mouvements et de pratiques militantes bigarrées apparus justement en réaction au processus de mondialisation néolibérale actuelle.

Étymologiquement, internationalisme provient du latin *inter* (« entre », « parmi »), supposant une réciprocité, et *natio* (« né », « naître »). L'internationalisme est un élément essentiel du patrimoine des idées politiques portées par le mouvement ouvrier. Au-delà des idées, il incarne des pratiques de solidarité ouvrière. De façon sobre et par le détour d'une tautologie, le *Journal officiel* définit en 1876 l'internationalisme comme une « doctrine préconisant l'union internationale des peuples par-delà les frontières [1] ».

Trouvant son origine chez les penseurs révolutionnaires du XIXe siècle et notamment chez Karl Marx dans l'étude des révolutions de 1848 en Europe, l'internationalisme ouvrier se définit comme un mouvement politique qui souhaite la fin des confrontations entre nations impérialistes et la disparition des classes sociales grâce à un processus révolutionnaire qui supprimerait les États et les frontières pour instaurer une forme de socialisme. L'internationalisme prolétarien exprime ainsi la communauté

1. *Journal officiel*, 14 juin 1876, p. 4167.

d'intérêts et de conditions des travailleurs de tous les pays et trouve son incarnation politique dans la création de l'Association internationale des travailleurs (AIT), le 28 septembre 1864, puis dans la succession des « internationales » politiques et syndicales, dont plusieurs sont toujours plus ou moins actives aujourd'hui. Pour Marx :

> [...] l'expérience du passé a montré qu'une attitude dédaigneuse envers l'alliance fraternelle qui doit exister entre les ouvriers des divers pays et les inciter à se soutenir fermement les uns les autres dans leur lutte de libération, est punie par une défaite générale de leurs efforts isolés[2].

Cette assertion vient condamner tant la recherche d'une autarcie révolutionnaire – un seul peuple ne pouvant survivre économiquement s'il est isolé – que les replis nationalistes, la classe ouvrière mondiale devant s'unir face à ses exploiteurs. La dernière ligne du *Manifeste du Parti communiste* de 1848 en pose déjà le principe au travers du slogan : « Prolétaires de tous les pays, unissez-vous. »

L'internationalisme se pose ainsi comme une condition *sine qua non* de l'émancipation des travailleurs et de l'instauration d'une société nouvelle débarrassée des rapports d'exploitation, conjuguant les moyens (la solidarité, l'entraide) et les fins (le socialisme, le communisme). Le dépassement des cadres qu'il prône vient par définition s'opposer au nationalisme, combattu parce qu'il masque les intérêts communs à la classe ouvrière (pour Marx, « les ouvriers n'ont pas de patrie[3] »), voire à l'humanité tout entière dans certaines de ses acceptations. En son nom, la classe ouvrière se doit de refuser les guerres impérialistes entre les peuples et de leur opposer un pacifisme militant et révolutionnaire.

Le multilatéralisme des origines est aussi une forme d'internationalisme institutionnel teinté de socialisme et visant à effacer les nationalismes derrière un gouvernement progressiste du monde.

---

2. Karl Marx, déclaration inaugurale de l'AIT, 28 septembre 1864, Londres.
3. Karl Marx, Friedrich Engels, *Manifeste du Parti communiste*, 1848.

D'une certaine manière, on lui doit la naissance de l'OIT en 1919 sur les questions du travail. Dans l'idéal multilatéral originel, chaque État était censé avoir le même poids et compter pour un dans les délibérations internationales, quelle que soit son importance démographique, économique ou géopolitique. Mais, comme nous l'avons vu, les pays les plus « puissants » se sont regroupés en G7, G8 et autres G20. La dictature du chiffre et des équilibres budgétaires prônée par les institutions financières internationales et le gouvernement des banques en sont les autres avatars contemporains, dont on connaît le caractère destructeur pour les solidarités humaines, les équilibres sociaux et environnementaux.

L'altermondialisme : un courant composite et hétérogène

Issu du latin *alter* (« autre ») et *mundus* (« monde »), le terme apparaît au cours des années 1990[4] et se répand médiatiquement et politiquement après le blocage des négociations de l'OMC à Seattle en 1999. Comme son nom l'indique, et à la différence de l'antimondialisation, qui caractérise aujourd'hui le refus de toutes les formes de mondialisation, l'altermondialisme défend un autre chemin possible de mondialisation, plus solidaire, plus démocratique, plus égalitaire, résumé par l'antienne « un autre monde est possible ».

La thématique de l'antimondialisme est actuellement occupée par un nombre important de mouvements réactionnaires défendant des thèses isolationnistes, nationalistes, identitaires ou communautaristes. L'idée de démondialisation, aux contours nébuleux puisqu'elle va de la relocalisation générale de l'économie au rétablissement strict des frontières et aux logiques d'autarcie, est beaucoup plus populaire dans les rangs « anti- » que dans les rangs « alter- » mondialistes. Nombreux sont les conservateurs

4. Les cercles militants lui préfèrent d'abord l'emploi du vocable « antimondialisation ».

qui, délibérément, entretiennent la confusion et les amalgames entre « anti- » et « alter- » pour tenter de discréditer *a priori* toute recherche de visée différente dans les domaines économiques, sociaux et sociétaux.

L'altermondialisme qualifie en effet au contraire une somme d'idées et de pratiques réunies dans leur contestation plus ou moins radicale de l'orientation néolibérale, ou capitaliste pour certains, prise par la mondialisation de l'économie et des échanges. Il prône par conséquent une mondialisation maîtrisée et solidaire qui peut s'apparenter à l'internationalisme tel qu'imaginé par les penseurs du XIXe siècle. Ces idées et pratiques ne forment cependant pas un ensemble cohérent et l'altermondialisme est une enveloppe regroupant des orientations militantes parfois très différentes, voire divergentes. Un grand nombre d'associations, d'ONG et de syndicats s'y trouvent ainsi mêlés, le mouvement lui-même échappant globalement au contrôle direct des partis politiques et des États.

Ce courant composite et hétérogène revendique majoritairement un autre mode de développement respectueux de l'homme et de son environnement et avance de nombreuses positions et propositions telles que la taxation des transactions financières, le démantèlement des paradis fiscaux, l'allégement ou la suppression de la dette des pays pauvres, la démocratisation des institutions multilatérales, le respect des droits des peuples autochtones, la protection du caractère non marchand des services publics et des biens publics mondiaux, le commerce équitable, la défense des libertés syndicales et des droits fondamentaux, la préservation de la biodiversité et des ressources naturelles, la promotion de la justice sociale, économique et environnementale, la redistribution des richesses, etc.

Pour gagner en cohérence, confronter les points de vue et tenter de construire des démarches communes et concrètes, l'altermondialisme s'appuie sur des réseaux thématiques, organisationnels ou géographiques, dont l'aspect le plus visible est la tenue des forums sociaux mondiaux ou continentaux. Malgré ces efforts de synthèse, l'altermondialisme a d'énormes difficultés à dépasser les divergences de fond (liées aux nuances d'appréciation sur le large éventail de thèmes abordés), de stratégie par rapport au pouvoir institutionnel (types et niveaux des pressions, formes des négociations) et de forme (liées à la diversité des acteurs impliqués). Tout cela obstrue ses débouchés politiques concrets.

On peut considérer que l'altermondialisme est, plus qu'un mouvement ou une idée, un lieu de convergence de luttes et une somme de contre-pouvoirs au système néolibéral mondialisé. Il oscille entre la mise en œuvre de résistances et la construction d'alternatives plus partielles que globales. On voit ce qui, dans cet aperçu, rapproche et éloigne l'altermondialisme de l'internationalisme. Il n'en reste pas moins que la partie du courant altermondialiste revendiquant son opposition au capitalisme, son caractère de classe et défendant un monde sans frontières et débarrassé de l'exploitation de l'homme par l'homme, forme un héritage de l'internationalisme originel. D'une certaine manière, la revendication largement partagée au sein du mouvement altermondialiste d'une égalité d'accès aux droits pour tous revivifie également dans le contexte contemporain l'un des engagements fondamentaux de l'internationalisme.

Le discours dominant présente cette vision internationaliste comme appartenant à un passé définitivement révolu. La seule internationale qui vaudrait désormais dans cette nouvelle ère serait celle des capitaux et des marchandises. À l'opposé de ces affirmations fatalistes présentant la précarité des travailleurs comme un cataclysme naturel ou comme un tribut à payer à l'avancée inexorable du marché, il faut réaffirmer la possibilité d'un autre monde à construire. Loin d'être une chimère, cette perspective a besoin de points d'appui pour s'inventer. Parmi eux, bien que trop souvent ignorés : les textes fondamentaux de l'OIT.

Focus : lorsqu'une multinationale viole les résolutions de l'ONU

- **Multinationale :** Orange
- **Autres acteurs impliqués** : société Partner, État israélien, État français
- **Secteur** : téléphonie mobile
- **Pays :** Palestine, Israël
- **Période** : 2010-2016
- **Victime** : le peuple palestinien
- **Nature de l'infraction** : violation des résolutions de l'ONU
- **Lanceurs d'alerte** : Syndicats (CGT et Solidaires), ONG (le Comité catholique contre la faim et pour le développement-Terre Solidaire, la Ligue des droits de l'Homme, l'Association France Palestine Solidarité).
- **Résumé de l'affaire** : En 2010, Orange noue un partenariat commercial avec la société israélienne Partner, qui fournit, entre autres, un service de téléphonie mobile aux colonies illégalement implantées en Cisjordanie. En mai 2015, une large coalition se construit afin d'interroger la responsabilité de la multinationale, mais aussi celle de l'État français, dans cette situation qui *de facto* les rend complice de la politique de colonisation de la Palestine. Intitulé « Les liaisons dangereuses d'Orange », le rapport qu'elle rend public contraint assez rapidement l'entreprise à remettre en cause son engagement commercial. Sous la double pression « citoyenne » – celle des syndicats et ONG qui ont lancé l'affaire – et économique – liée à la menace de pertes de parts de marché dans le monde arabe –, l'entreprise annonce la dénonciation du contrat qui la relie à Partner. Elle y met fin en février 2016. L'intérêt de cette affaire, au-delà de la victoire qu'elle représente, est qu'elle n'engage pas uniquement la responsabilité d'une multinationale vis-à-vis de textes internationaux. Elle interroge aussi la responsabilité de l'État français, au moins pour trois raisons :

– en qualité d'actionnaire de l'entreprise (détenue par l'État à hauteur de 26,94 %) ;

– de par ses missions de soutien au développement international des entreprises, qui reçoivent des fonds publics pour cela ;

– en tant que garant des engagements diplomatiques et internationaux de la France.

Deuxième partie

Les grands principes de l'OIT

Subrepticement, sans qu'on y prête une réelle attention depuis près de quarante ans, la vision selon laquelle l'intérêt économique et la notion de concurrence devraient servir de paramètres à la gouvernance du monde s'est imposée comme un dogme. La volonté politique commune des États déterminés à faire progresser les droits humains et parmi eux les libertés démocratiques et les droits sociaux s'est peu à peu affaiblie. Comment les salariés peuvent-ils reprendre l'offensive ? Dans ce débat qui a une dimension mondiale, la connaissance et l'appropriation des finalités et des normes de l'OIT sont des leviers précieux. Cette démarche concerne au premier chef la question cruciale des libertés syndicales et du droit de grève. Elle repose aussi sur le principe d'universalisme, qui contrecarre la propagande nationaliste faisant croire que la mise à l'écart voire l'exclusion des travailleurs étrangers présents dans chaque pays est la solution aux problèmes sociaux.

À l'opposé de cette tendance réactionnaire, la réactivation des grands principes de l'OIT affirmant que le travail n'est pas une marchandise, combattant le travail forcé, visant à interdire le travail des enfants, établissant l'égalité salariale et renforçant les droits et les pouvoirs des salariés est une tâche urgente que les organisations syndicales mondiales doivent assurer.

Chapitre 5

Libertés syndicales et droit de grève

Le droit de grève est attaqué sur de multiples fronts. En France, le discours ambiant se complaît à saper sa légitimité en prenant régulièrement à témoin les usagers des services publics et singulièrement des transports, présentés comme les otages de comportements qualifiés d'archaïques. En Europe, le primat de l'intérêt économique de l'entreprise ne souffre d'aucune contestation et participe à la remise en cause du droit de grève, jugeant intolérable la mise en danger des profits qu'il génère. Le gouvernement Cameron au Royaume-Uni vient ainsi de lancer l'offensive pour briser définitivement le droit de grève. Quant à l'OIT, j'y reviendrai dans cet ouvrage [1], le patronat mène en son sein une guerre de tranchées contre les normes qui garantissent son respect.

Ce droit de cesser le travail afin de faire entendre ses revendications quand tous les autres moyens ont échoué est pourtant essentiel, notamment dans les pays où il reste la seule expression possible pour les travailleurs face à la toute-puissance de pouvoirs politiques ou économiques dérivant vers un autoritarisme mâtiné d'austérité. Et pourtant, les grèves n'ont malheureusement jamais été aussi peu nombreuses. Sous la triple pression des effets de la crise économique, des campagnes médiatiques et des mesures de répression des mouvements sociaux, de nombreux travailleurs

1. Voir notamment le chapitre 13.

dans le monde renoncent en effet à l'usage de ce droit fondamental. Sur cette toile de fond, le patronat tente de présenter le droit de grève comme un facteur de récession pour l'économie et l'emploi. Comme pour mieux faire oublier les effets de ses jeux malsains et destructeurs pour l'emploi : krachs boursiers, offres publiques d'achat (OPA) hostiles ou autres variations dans les parités monétaires alimentées par des échanges spéculatifs entre places financières internationales. Il est inadmissible que les libertés fondamentales soient considérées comme des variables à soumettre aux règles de la compétitivité économique. Notons d'ailleurs que cette attitude du patronat est à géographie variable et qu'il a su et sait encore encourager les grèves là où les régimes lui déplaisent. Il est temps de faire le point sur cette liberté fondamentale en examinant les textes qui la fondent. La lecture de cet ensemble de documents pourra paraître fastidieuse mais leur contenu a une résonance particulièrement forte en ces temps de remise en cause des droits. Plus largement, au-delà même du droit de grève, les libertés syndicales se trouvent attaquées jusque sous les latitudes où elles sont apparues. Il en est ainsi par exemple du droit à la négociation collective, remis en cause sous le prétexte de la crise dans certains pays d'Europe comme la Grèce, le Portugal, la Roumanie, la Hongrie, etc.

Grands principes et textes fondateurs de l'OIT sur le droit de grève

La déclaration de Philadelphie[2]

Dans son excellent ouvrage *L'Esprit de Philadelphie*, Alain Supiot, professeur au Collège de France, souligne ceci :

> Le lien établi entre la sécurité et la liberté est le trait commun des quatre principes fondamentaux déclinés par la déclaration de Philadelphie [...] :

---

2. Voir la reproduction intégrale de la déclaration de Philadelphie en annexe 1, p. 197.

– le respect du travail (« le travail n'est pas une marchandise ») ;
– les libertés collectives (« la liberté d'expression et d'association est une condition indispensable d'un progrès soutenu ») ;
– la solidarité (« la pauvreté, où qu'elle existe, constitue un danger pour la prospérité de tous ») ;
– la démocratie sociale (« la lutte contre le besoin doit être menée [...] au sein de chaque nation et par un effort international continu et concerté dans lequel les représentants des travailleurs et des employeurs [...] participent à de libres discussions et à des décisions de caractère démocratique en vue de promouvoir le bien commun »)[3].

Alain Supiot conclu ce passage par cette appréciation :

> La dignité humaine conduit ainsi à récuser aussi bien les systèmes qui bafouent le besoin de sécurité au nom de la liberté que ceux qui étouffent les libertés au nom de la sécurité[4].

La constitution de 1919

Dans la rédaction de sa constitution en 1919, l'OIT fait le choix de faire figurer le principe de la liberté syndicale dans les attendus qui prévalent à sa création :

> Attendu qu'une paix universelle et durable ne peut être fondée que sur la base de la justice sociale ;
> attendu qu'il existe des conditions de travail impliquant pour un grand nombre de personnes l'injustice, la misère et les privations, ce qui engendre un tel mécontentement que la paix et l'harmonie universelles sont mises en danger, et attendu qu'il est urgent d'améliorer ces conditions : par exemple, en ce qui concerne la réglementation des heures de travail, la fixation d'une durée maximum de la journée et de la semaine de travail, le recrutement de la main-d'œuvre, la lutte contre le chômage, la garantie d'un salaire assurant des conditions d'existence convenables, la protection des travailleurs contre les maladies générales ou professionnelles et les accidents résultant du travail, la protection des enfants, des adolescents et

3. Alain Supiot, *L'Esprit de Philadelphie. La justice sociale face au marché total*, Paris, Le Seuil, 2010.
4. *Ibid.*

des femmes, les pensions de vieillesse et d'invalidité, la défense des intérêts des travailleurs occupés à l'étranger, l'affirmation du principe « à travail égal, salaire égal », l'affirmation du principe de la liberté syndicale, l'organisation de l'enseignement professionnel et technique et autres mesures analogues.

La convention n° 87

Il faudra cependant attendre 1948 et l'adoption de la convention n° 87 du 9 juillet à San Francisco pour préciser les dispositions sur la liberté syndicale et la protection du droit syndical :

> ***Article 2***
> Les travailleurs et les employeurs, sans distinction d'aucune sorte, ont le droit, sans autorisation préalable, de constituer des organisations de leur choix, ainsi que celui de s'affilier à ces organisations, à la seule condition de se conformer aux statuts de ces dernières.
>
> ***Article 3***
> 1. Les organisations de travailleurs et d'employeurs ont le droit d'élaborer leurs statuts et règlements administratifs, d'élire librement leurs représentants, d'organiser leur gestion et leur activité, et de formuler leur programme d'action.
> 2. Les autorités publiques doivent s'abstenir de toute intervention de nature à limiter ce droit ou à en entraver l'exercice légal.
>
> ***Article 11***
> Tout membre de l'Organisation internationale du travail pour lequel la présente convention est en vigueur s'engage à prendre toutes mesures nécessaires et appropriées en vue d'assurer aux travailleurs et aux employeurs le libre exercice du droit syndical.

La convention n° 98

Un an plus tard, le 1er juillet 1949, la conférence de l'OIT réunie à Genève adopte la convention n° 98 sur le droit d'organisation et de négociation collective :

> ***Article 1***
> 1. Les travailleurs doivent bénéficier d'une protection adéquate contre tous actes de discrimination tendant à porter atteinte à la liberté syndicale en matière d'emploi.

Une telle protection doit notamment s'appliquer en ce qui concerne les actes ayant pour but de :

(a) subordonner l'emploi d'un travailleur à la condition qu'il ne s'affilie pas à un syndicat ou cesse de faire partie d'un syndicat ;

(b) congédier un travailleur ou lui porter préjudice par tous autres moyens, en raison de son affiliation syndicale ou de sa participation à des activités syndicales en dehors des heures de travail ou, avec le consentement de l'employeur, durant les heures de travail.

Article 2

1. Les organisations de travailleurs et d'employeurs doivent bénéficier d'une protection adéquate contre tous actes d'ingérence des unes à l'égard des autres, soit directement, soit par leurs agents ou membres, dans leur formation, leur fonctionnement et leur administration.

2. Sont notamment assimilées à des actes d'ingérence au sens du présent article des mesures tendant à provoquer la création d'organisations de travailleurs dominées par un employeur ou une organisation d'employeurs, ou à soutenir des organisations de travailleurs par des moyens financiers ou autrement, dans le dessein de placer ces organisations sous le contrôle d'un employeur ou d'une organisation d'employeurs. [...]

Article 4

Des mesures appropriées aux conditions nationales doivent, si nécessaire, être prises pour encourager et promouvoir le développement et l'utilisation les plus larges de procédures de négociation volontaire de conventions collectives entre les employeurs et les organisations d'employeurs d'une part, et les organisations de travailleurs d'autre part, en vue de régler par ce moyen les conditions d'emploi.

Déclaration de la Conférence internationale du travail de 1998

Le 18 juin 1998, dans une déclaration relative aux principes et droits fondamentaux au travail, la Conférence internationale du travail insiste :

La conférence

1. rappelle :

a) qu'en adhérant librement à l'OIT, l'ensemble de ses membres ont accepté les principes et droits énoncés dans sa constitution et dans la déclaration de Philadelphie, et se sont engagés à travailler à la réalisation des objectifs d'ensemble de l'Organisation, dans toute la mesure de leurs moyens et de leur spécificité ;

b) que ces principes et droits ont été exprimés et développés sous forme de droits et d'obligations spécifiques dans des conventions reconnues comme fondamentales, tant à l'intérieur qu'à l'extérieur de l'Organisation.

2. Déclare que l'ensemble des membres, même lorsqu'ils n'ont pas ratifié les conventions en question, ont l'obligation, du seul fait de leur appartenance à l'Organisation, de respecter, promouvoir et réaliser, de bonne foi et conformément à la Constitution, les principes concernant les droits fondamentaux qui sont l'objet desdites conventions, à savoir :

a) la liberté d'association et la reconnaissance effective du droit de négociation collective ;

b) l'élimination de toute forme de travail forcé ou obligatoire ;

c) l'abolition effective du travail des enfants ;

d) l'élimination de la discrimination en matière d'emploi et de profession.

Ce dernier texte confirme le caractère universel des deux conventions qui protègent la liberté syndicale et le droit à la négociation collective.

De la théorie à la réalité : les violations des libertés syndicales dans le monde

À examiner la géographie mondiale des libertés syndicales et du droit de grève, c'est peu dire que nous sommes, là encore, loin du compte. Il serait fastidieux de se lancer dans une énumération sans fin des nombreuses entraves au libre exercice de l'engagement syndical et au droit de grève tant sont inépuisables les formes multiples utilisées, soit par des gouvernements, soit par les employeurs, pour procéder à des pressions directes ou indirectes sur les travailleurs et dont le seul objectif est de les faire renoncer à l'exercice de ce droit fondamental.

L'exemple du Guatemala

Chaque année, la Confédération syndicale internationale (CSI) produit un rapport sur les atteintes aux libertés syndicales et aux répressions dont sont victimes les travailleurs et leurs syndicats. Pour l'année 2015, ce rapport[5] révèle des faits saillants dans 87 pays, en mettant particulièrement l'accent sur sept d'entre eux où l'existence des syndicats et d'autres institutions démocratiques courent un risque extrême : Birmanie/Myanmar, Bahreïn, Fidji, Swaziland, Zimbabwe, Géorgie et Guatemala.

Au Guatemala, l'assassinat de syndicalistes est monnaie courante et fait de ce pays l'un des plus dangereux au monde pour ce type d'engagement. Dans le rapport 2015, pas moins de soixante-quatorze cas appelant l'intervention de l'OIT sont recensés, pour la plupart toujours inexpliqués, sans coupables identifiés, et à plus forte raison sans condamnés. L'un des derniers cas en date est le suivant.

Le 24 septembre 2015, Mynor Rolando Ramos Castillo, membre du Syndicat des travailleurs de la municipalité de Jalapa (SITRAMJ), est assassiné devant son domicile. Licencié par son employeur, il avait obtenu sa réintégration par un jugement. Au moment du meurtre, Mynor Rolando Ramos Castillo attendait l'exécution de l'ordonnance de réintégration à son poste. Le « contrat » aurait rapporté 300 dollars à son auteur, soit environ 268 euros. La peau d'un syndicaliste ne vaut pas cher en certains points du globe...

Je ne le connaissais pas personnellement, et peu importe. Ce qui est insupportable, c'est la banalisation d'actes criminels visant des militants syndicaux sans que l'on ressente une réelle volonté politique d'y mettre fin par les moyens adéquats.

5. CSI, « Rapport annuel des violations des droits syndicaux », Bruxelles, 2015. L'exemple du Guatemala est issu d'une intervention de Luc Cortebeeck, porte-parole du groupe des travailleurs au conseil d'administration du BIT, prononcée lors du conseil de novembre 2015.

L'universalité du droit de grève

Dans le domaine des libertés, il a souvent fallu payer le prix du sang pour acquérir des droits, les faits précèdent le droit. Les grèves s'organisaient bien avant la création des syndicats.

Grâce à l'OIT, nous l'avons vu au travers des textes qui l'établissent et le garantissent, le droit de grève existe en principe dans sa portée universelle. Cependant, la moitié de la population mondiale vit dans des pays qui n'ont pas ratifié ces textes et n'ont donc pas procédé aux adaptations législatives qui en résultent. Pour ceux-là, c'est-à-dire des centaines de millions de travailleurs, les conventions fondamentales de l'OIT, réputées d'application universelle, à défaut d'avoir été traduites dans le droit de leurs pays, servent de bouclier contre l'arbitraire gouvernemental ou patronal. Depuis l'adoption des conventions n°s 87 et 98, de nombreuses infractions ont été constatées et les controverses d'interprétation se sont multipliées.

Afin que chacun puisse s'y référer, le BIT édite depuis 1972 un recueil des décisions et des principes définis au fil du temps par le comité de la liberté syndicale du conseil d'administration[6]. Militants syndicaux, employeurs, gouvernements et tribunaux nationaux dans les États de droit peuvent y trouver une jurisprudence étoffée sur toutes les questions relatives aux libertés syndicales, à la négociation collective et au droit de grève. À ce propos, j'évoquerai plus loin l'offensive violente et déterminée des employeurs contre le droit de grève, contestant que ce dernier fasse partie des droits universels reconnus[7].

L'attaque contre le droit de grève est telle qu'il a fallu une mobilisation coordonnée des syndicats dans une centaine de pays, dont une initiative commune des confédérations françaises

6. BIT, « La liberté syndicale. Recueil de décisions et de principes du comité de la liberté syndicale du conseil d'administration du BIT », Genève, 2006, 5e édition.

7. Voir le chapitre 13 consacré aux stratégies patronales.

sur le parvis des droits de l'Homme au Trocadéro, le 18 février 2015, « pour la défense du droit de grève ». Cette mobilisation a produit ses effets.

Ainsi, au cours d'une réunion tripartite, le 23 février 2015 à Genève, soit une semaine après la mobilisation mondiale, les gouvernements des 186 États membres de l'OIT ont déclaré dans un texte commun :

> Le groupe gouvernemental reconnaît que le droit de grève est lié à la liberté syndicale, qui est un principe et un droit fondamental au travail de l'OIT. Il reconnaît en outre expressément que, sans protection de ce droit de grève, la liberté syndicale et, en particulier, le droit d'organiser des activités pour promouvoir et protéger les intérêts des travailleurs ne peuvent être pleinement garantis.
>
> Néanmoins, nous notons également que le droit de grève, même s'il fait partie des principes et droits fondamentaux au travail de l'OIT, n'est pas un droit absolu. Sa portée et les conditions de son exercice sont réglementées au niveau national.

Que le groupe des gouvernements s'exprime d'une seule voix est assez rare. Qu'il le fasse sur un sujet aussi controversé à l'échelle de la planète ne fait qu'amplifier sa signification et souligner le degré d'isolement des employeurs. Naturellement, il serait logique d'attendre dans le prolongement de cette déclaration une ratification rapide par de nouveaux États de la convention n° 87 qui protège les libertés syndicales et le droit de grève. Toujours est-il qu'il y a là, me semble-t-il, un point d'appui politique nouveau pour faire avancer partout l'un des droits les plus essentiels : celui de la liberté syndicale, dont le droit de grève est indissociable.

CHAPITRE 6

Universalisme, souverainisme, nationalisme

Un sentiment largement répandu revient aujourd'hui à considérer que la mondialisation est néfaste par essence, qu'elle contribue à saper et à affaiblir les modèles sociaux et les solidarités. Si la mondialisation des échanges s'est effectivement largement développée sur la mise en concurrence des travailleurs et des normes qui les protègent, prôner un mouvement de repli sur soi dans le cadre des États-nations, serait une double erreur. D'abord parce qu'il s'agirait d'une volte-face par rapport à ce qui a fondé l'engagement syndical internationaliste du XIXe siècle [1]. Ensuite parce que la promotion de l'égalité entre les êtres humains ne peut pas se réaliser si on lui fixe des frontières. Un double mouvement produit des effets sociaux et environnementaux mortifères et désastreux : d'une part, la réduction des normes dans les pays qui en ont le plus et, d'autre part, la réactivation des antagonismes entre nations.

La tentation d'opposer entre eux les droits nationaux

Dès lors que l'on se penche sur la nature et la portée du droit international, une série de questions soulevées par les différents niveaux « producteurs de droits » se présente inévitablement. Le conflit entre la légitimité d'institutions internationales, souvent

1. Comme nous l'avons vu au chapitre 4.

décriées pour leur absence de transparence et de démocratie dans les mécanismes de prise de décision, et le niveau étatique, perçu *a priori* comme plus proche, plus légitime, aboutit à ce que le droit s'applique de plus en plus à géométrie variable. L'opposition entre la portée du droit déclaré dans des textes fondamentaux comme « droit universel » et la revendication au respect de la « souveraineté », voire la progression des conceptions nationalistes et racistes, est patente.

Je ne suis pas juriste mais syndicaliste, c'est-à-dire un citoyen engagé, parmi d'autres, alarmé par la situation actuelle du monde et singulièrement par les inégalités de droits qui représentent de fait, au-delà des conséquences sociales immédiates, une poudrière mondiale. Ainsi, il m'apparaît crucial de se pencher un instant sur le clivage entre les conceptions qui s'affrontent au quotidien et qui ont pour conséquence un accroissement des inégalités sociales. Universalisme à l'opposé du souverainisme et du nationalisme, voilà une considération politique de premier plan qu'il convient d'approfondir. Bien sûr, pour que l'universalisme recueille l'adhésion des travailleurs, il est nécessaire qu'il s'incarne dans la notion de progrès social et non dans la généralisation à l'échelle planétaire de la soumission aux règles du marché, considérées comme un absolu. Pour juger la pertinence de cette perspective universaliste, regardons ce qu'elle a produit depuis la fin de la Seconde Guerre mondiale.

L'universalisme au sortir de la Seconde Guerre mondiale

C'est pour sortir définitivement des atrocités de la guerre qu'un nouvel ordre international s'est dessiné selon lequel le droit et la justice allaient devenir les moteurs du développement en lieu et place des conflits armés. Le premier texte d'un collectif d'États affirmant l'universalité d'objectifs et de droits est la déclaration de Philadelphie de mai 1944[2] qui se conclut ainsi :

2. Voir annexe 1, p. 197.

> La Conférence [des États présents] affirme que les principes énoncés dans la présente Déclaration sont pleinement *applicables à tous les peuples du monde*[3], et que, si, dans les modalités de leur application, il doit être dûment tenu compte du degré de développement social et économique de chaque peuple, leur application progressive aux peuples qui sont encore dépendants aussi bien qu'à ceux qui ont atteint le stade où ils se gouvernent eux-mêmes, intéresse l'ensemble du monde civilisé.

Ainsi le caractère universel du droit du travail est-il affirmé sans réserve. Il sera complété en 1948 par un texte de portée encore plus grande : la Déclaration universelle des droits de l'homme.

Plus de cinquante États membres participent à sa rédaction finale. Par une résolution du 10 décembre 1948, l'assemblée générale de l'ONU, réunie à Paris, adopte la Déclaration[4]. Huit pays s'abstiennent, mais aucun ne la conteste. À une époque où le monde est divisé entre bloc de l'Est et bloc de l'Ouest, on peut imaginer les intenses négociations qui durent précéder son adoption. Voici quelques extraits du préambule :

> Considérant que la reconnaissance de la dignité inhérente à tous les membres de la famille humaine et de leurs droits égaux et inaliénables constitue le fondement de la liberté, de la justice et de la paix dans le monde. [...]
>
> Considérant qu'il est essentiel que les droits de l'homme soient protégés par un régime de droit pour que l'homme ne soit pas contraint, en suprême recours, à la révolte contre la tyrannie et l'oppression. [...]
>
> Considérant que dans la Charte, les peuples des Nations unies ont proclamé à nouveau leur foi dans les droits fondamentaux de l'homme, dans la dignité et la valeur de la personne humaine, dans l'égalité des droits des hommes et des femmes, et qu'ils se sont déclarés résolus à favoriser le progrès social et à instaurer de meilleures conditions de vie dans une liberté plus grande.

---

3. Souligné par nous.
4. Consultable sur le sites des Nations unies : www.un.org.

> Considérant que les États membres se sont engagés à assurer, en coopération avec l'Organisation des Nations unies, le respect universel et effectif des droits de l'homme et des libertés fondamentales.

Suivent une trentaine d'articles couvrant l'égalité en droits des êtres humains le droit à la vie, à la liberté, à la protection, etc. Je n'en citerai qu'un, qui a ici une résonance particulière, l'article 23 :

> 1. Toute personne a droit au travail, au libre choix de son travail, à des conditions équitables et satisfaisantes de travail et à la protection contre le chômage.
> 2. Tous ont droit, sans aucune discrimination, à un salaire égal pour un travail égal.
> 3. Quiconque travaille a droit à une rémunération équitable et satisfaisante lui assurant ainsi qu'à sa famille une existence conforme à la dignité humaine et complétée, s'il y a lieu, par tous autres moyens de protection sociale.
> 4. Toute personne a le droit de fonder avec d'autres des syndicats et de s'affilier à des syndicats pour la défense de ses intérêts.

Bien évidemment, l'ensemble de ces textes de portée considérable ont permis au fil du temps des progrès très importants pour de nombreux peuples, en étant notamment complétés dans les années 1960 par les textes onusiens sur les droits civils et politiques et sur les droits économiques, sociaux et culturels. Ils demeurent des points d'appui incontestables pour s'attaquer à des situations multiples où « l'universalité » de ces droits n'est pas réelle, voire même parfois combattue. Pour autant, nous percevons tous les limites de leur mise en œuvre. Il est donc nécessaire de s'interroger sur les mécanismes juridiques mais surtout politiques susceptibles d'accélérer leur application effective.

Cela soulève naturellement une série de questions complexes sur les valeurs susceptibles de rassembler des peuples aux histoires sociales et politiques très différentes. Il nous faut davantage distinguer ce qui relève de l'universalité du droit de ce qui relève de sa mise en œuvre dans chaque pays. Ce processus suppose forcément des adaptations sans pour autant déboucher sur un nivellement par le bas.

S'appuyant sur cette tension entre l'existence de droits universels et leur application dans chaque pays, certains concluent à l'impossibilité de donner corps à ces principes, prônent leur abandon et préconisent des solutions souverainistes ou nationalistes.

Souverainisme et nationalisme : des obstacles aux droits pour tous !

Le souverainisme en tant que doctrine politique se définit par une défense de la souveraineté nationale par opposition au transfert d'une partie ou de la totalité de l'exercice du pouvoir à un niveau supranational. Les partisans du souverainisme dénoncent ce transfert de souveraineté comme pouvant nuire à l'identité nationale et conduisant à un déficit démocratique. De nos jours, le constat d'un déficit de démocratie est largement partagé. Est-ce à dire que le pouvoir exercé d'abord voire exclusivement sur un plan national est une garantie pour que le peuple soit souverain dans les choix et la nature des politiques mises en œuvre ? Loin s'en faut, et de nombreuses séquences, en France comme dans d'autres pays d'Europe, attestent que l'expression citoyenne du peuple au plan national est trop souvent dévoyée.

L'épisode à la fois célèbre et dramatique du point de vue démocratique du contournement du résultat du référendum organisé en France en 2005 sur le projet de constitution européenne en est l'illustration récente la plus caractéristique. À l'issue de confrontations multiples entre les arguments militants « pour » et « contre », les citoyens participent à 70 % à la consultation référendaire qui conclut à un rejet du texte par 54,87 % des électeurs. Pour autant, après l'élection de Nicolas Sarkozy à la présidence de la République en 2007, le Parlement réuni en congrès à Versailles ratifie le traité de Lisbonne qui met en œuvre l'essentiel de ce que les Français avaient rejeté moins de trois ans auparavant.

Le vote par l'Assemblée nationale du traité sur la stabilité, la coordination et la gouvernance (TSCG) le 9 octobre 2012, à peine cinq mois après l'élection de François Hollande, viendra s'asseoir définitivement sur le vote des Français de 2005, en inversant son sens. Circonstance aggravante : le candidat socialiste à l'élection présidentielle de 2012 avait fait campagne en promettant, s'il était élu, la renégociation tambour battant du traité qualifié alors de « Merkozy ». On sait qu'il n'en fut rien. Ainsi, même l'élection du président de la République au suffrage universel ne garantit pas que la politique qui sera mise en œuvre sera celle pour laquelle les électeurs l'ont choisi... On ne peut ensuite s'étonner de la défiance grandissante à l'égard des responsables politiques générant ce qu'il faut bien appeler une crise démocratique.

Surmonter la crise démocratique

Conscient des effets destructeurs de cette crise, j'ai participé avec beaucoup d'intérêt aux travaux du groupe de réflexion coprésidé par Claude Bartolone, président de l'Assemblée nationale, et Michel Winock, historien. Nous avons travaillé passionnément durant plus d'un an, à partir de l'automne 2014, pour identifier les multiples facteurs de la crise de la démocratie en France afin d'aboutir à des propositions d'évolution de la constitution de la Ve République. Cette commission composée de personnalités aux horizons et sensibilités divers, aux opinions parfois contradictoires, a abouti à la production d'un rapport intitulé « Refaire la démocratie » qui formule dix-sept propositions. J'invite ceux de nos concitoyen-ne-s soucieux de la dégradation de notre vie démocratique à en prendre connaissance[5]. Ce travail n'a pas la prétention de livrer clefs en main LA solution mais il met en lumière les facteurs qui participent à la fragilisation de la démocratie et suggère des réformes dans plusieurs domaines. Sans les approuver toutes, je les considère utiles pour faire progresser le débat sur le nécessaire rebond de notre vie démocratique.

---

5. Assemblée nationale, « Refaire la démocratie », rapport n° 3100, 2015.

La concentration excessive des pouvoirs aux mains du seul président de la République, l'absence de proportionnalité dans la représentation nationale, la professionnalisation de la vie politique et bien d'autres éléments participent à la prise de distance voire à la rupture entre les citoyens et les institutions censées régir la cité selon les principes démocratiques. Ce que je veux évoquer par ce biais, c'est qu'il ne suffit pas de s'en référer au souverainisme pour garantir la démocratie et une vision progressiste des réponses à apporter aux défis d'aujourd'hui. « Souverainement », des dictatures survivent ; « souverainement », des États font la chasse aux syndicalistes, obligent les enfants à travailler, ne protègent pas les travailleurs dans la relation de subordination plus ou moins intense et brutale qui les relie à leur employeur.

Je note que lorsqu'il s'agit de promouvoir des droits pour les salariés étendus au-delà des frontières, les employeurs savent mettre en avant l'argument de la souveraineté des États-nations pour surseoir à toute perspective de progrès social et d'extension des droits. Ils manient ainsi la contradiction en revendiquant en parallèle la levée des frontières, des barrières administratives de ces mêmes États, au nom d'un commerce mondial de plus en plus ouvert et uniforme.

Ainsi, pour les tenants du néolibéralisme, la planète doit être un espace unique pour la circulation des capitaux. En revanche, pour ces partisans du marché sans frontières, les droits sociaux doivent être confinés dans un cadre national et alignés vers le bas afin de favoriser, disent-ils, la compétitivité. L'application de cette conception débouche sur une mise en concurrence des travailleurs et de leurs modèles sociaux. Il s'agit évidemment d'une impasse, sauf pour ceux qui profitent – au premier sens du terme – d'un tel système.

Le nationalisme, arme pour la déréglementation

L'adhésion à l'idée de nation et au droit des peuples à disposer d'eux-mêmes a pu et peut encore favoriser l'indépendance d'un peuple placé sous la domination d'un autre. Elle a pu et peut encore incarner, sous certaines latitudes, la défense d'une culture opprimée, la lutte anticolonialiste. Tout autre est la notion de nationalisme, qui pervertit cette idée de nation. C'est cette manipulation qui sert de tremplin à l'expansion de partis d'extrême droite qui, à l'image du Front national (FN) en France, prônent l'isolement et la « préférence nationale », en somme la mise en concurrence des travailleurs. Sous cette forme, le nationalisme politique est un fléau à combattre. Combiné au racisme, il a plongé le monde dans le chaos de la Seconde Guerre mondiale et a inspiré des régimes aussi ignobles que celui de l'apartheid en Afrique du Sud jusqu'au début des années 1990.

Le nationalisme politique s'appuie sur les peurs et la désespérance sociale pour désigner les dangers extérieurs ou pourchasser l'ennemi intérieur, en alimentant à sa manière la xénophobie et le racisme. Chaque pays a ainsi son « immigré de service », bouc émissaire tout désigné pour expliquer ce dont souffre le peuple. En Suisse par exemple, l'immigré refoulé est le travailleur frontalier français qui vient manger le chocolat des Helvètes ! La dose de fascisme dans le verbe ou le comportement peut varier d'un pays à l'autre. Nous ne sommes pas partout confrontés à un Ku Klux Klan qui prône la suprématie de la race blanche. Quoique, au fil de la dédiabolisation, nous n'en sommes plus très loin...

L'Autriche, la Belgique, le Danemark, l'Italie, la Hongrie, les Pays-Bas, le Royaume-Uni, la Grèce et bien sûr la France sont autant de pays minés par les partis d'extrême droite[6]. Cela devrait, soit dit en passant, convaincre les responsables politiques nationaux et européens de leur dramatique échec à construire une Europe séduisante et solidaire et les amener à considérer enfin que peuvent exister des alternatives aux politiques d'austérité et de réduction des droits sociaux qu'ils imposent avec autoritarisme et obstination.

---

6. Voir à ce sujet le numéro spécial « Nouveaux visages des extrêmes droites », *Manière de voir*, n° 134, 2014.

Le FN, à l'image de ses homologues européens, prétend faire de la préférence nationale sa ligne directrice dans tous les domaines. Capable d'emprunter tour à tour les références historiques d'un de Gaulle ou de leaders de gauche, sa présidente Marine Le Pen, tel le serpent Kaa du *Livre de la jungle*, hypnotise l'électeur perdu pour mieux l'entraîner dans l'abîme, avec une large complaisance médiatique. La constante anti-immigrés de la pensée frontiste permet de conforter une sorte de forteresse intellectuelle en laissant supposer que les Français ne pourraient trouver leur bonheur que s'ils restent entre eux. Seulement voilà : « La pauvreté, où qu'elle existe, constitue un danger pour la prospérité de tous[7]. » Il n'y aura pas d'eldorado entre Français si partout ailleurs progressent la précarité et le chômage. Peu importe que toutes les études sérieuses attestent que la population immigrée contribue davantage à la création de richesses pour le pays qu'elle n'en retire, y compris en matière de protection sociale. Dès lors qu'une majorité de la population est convaincue du contraire, il convient de surfer sur la vague. De la démagogie politique à l'état pur.

Le FN, avocat de la collaboration de classe

Cette posture gomme les clivages existant entre employeurs et salariés. La ligne de fracture étant celle qui oppose les « nationaux » aux autres, il n'y a plus, dès lors, lieu de se pencher sur les critères d'exploitation du travail : patrons, ouvriers, même drapeau, même combat ! Le FN fait mine de reprendre certaines revendications syndicales dans son programme électoral. Il faut être expert en dialectique pour comprendre que « le renforcement du dynamisme du marché du travail[8] » auquel appelle le Front national recouvre de grandes similitudes avec les pratiques visant à saper le code du travail en flexibilisant et déréglementant.

7. Déclaration de Philadelphie.
8. Site internet du FN, 2015.

On ne trouvera pas dans le mouvement nationaliste d'aspiration à faire progresser le droit des travailleurs sur une échelle plus globale. « Mondialiste », « européiste », « immigrationiste » sont les qualificatifs attribués pour disqualifier toute tentative de penser le monde autrement que par la simple coexistence plus ou moins pacifique d'identités nationales poussées à leur paroxysme. Chacun chez soi (et pour soi) et tout ira pour le mieux dans le meilleur des mondes ! Un « modèle » glaçant, inefficace et dangereux.

Si la propagande nationaliste répend son discours de division des travailleurs, elle reste plus discrète mais tout aussi explicite sur sa volonté de soumettre les syndicats au bon vouloir du pouvoir politique :

> Une grande réforme des syndicats sera mise en œuvre [...]. Les modalités d'élections des représentants des salariés seront revues. [...]Des syndicats plus représentatifs travailleront mieux à la réelle défense des intérêts des salariés : ils seront en effet plus à même d'entrer dans des logiques de concertation constructives et moins tentés de recourir à un rapport de forces (grève, manifestation) pour pallier leur manque de légitimité.

Des syndicats à l'ordre du pouvoir politique, voilà une belle perspective qui confirme que dans les moments cruciaux, le FN ne s'est jamais placé du côté des travailleurs cherchant à améliorer leur condition. Il fréquente les sorties d'usine pour recueillir des voix mais bannit la grève et la manifestation, qui s'attaquent à l'ordre établi. Souvenons-nous que, déjà en 1995, face aux millions de manifestants mobilisés contre le plan Juppé sur la Sécurité sociale, le FN exigeait de la fermeté face aux émeutiers.

Autant d'éléments qui montrent combien ce parti se situe aux antipodes des principes fondamentaux posés par l'OIT en matière de respect des libertés syndicales.

Chapitre 7

Quelques grands principes de l'OIT et leur actualité

L'OIT a développé un ensemble de grands principes sur lesquels je crois utile de revenir un instant. Ils forgent, avec les libertés syndicales et l'universalité des normes abordées précédemment, un ensemble de valeurs fondamentales, à la croisée du droit du travail et des droits de l'homme, indispensables au progrès de l'humanité, mais que le cours actuel du monde affecte tout particulièrement. Dans un contexte de mondialisation financière et de concurrence exacerbée favorisant le « moins-disant social », les aspirations humanistes des origines se trouvent contredites par un système qui assure la prospérité de quelques-uns au prix de la misère du plus grand nombre.

« Le travail n'est pas une marchandise »

Comme nous l'avons déjà évoqué, le slogan « le travail n'est pas une marchandise », que l'on entend régulièrement dans les milieux altermondialistes, figure en bonne place dans la déclaration de Philadelphie. Pourtant, qui s'offusque aujourd'hui de l'emploi systématique du terme « marché du travail » par les responsables politiques et les journalistes[1] ?

1. On peut se faire la même réflexion avec l'usage extensif du terme « ressources humaines ».

Je constate également, à regret, que cette notion de marché du travail est de plus en plus présente dans les travaux de l'OIT, dans ses documents et ses expressions officielles. Il ne s'agit pas là d'une simple querelle d'ordre sémantique mais bien d'un glissement du cadre de référence pour apprécier la situation et préconiser les bons remèdes. Insidieusement, les logiques marchandes s'étendent et les frontières du monde marchand ne cessent d'être repoussées.

Ce mouvement de marchandisation concerne depuis longtemps la question du travail dont il fait, ainsi que de ceux qui l'exercent, une variable d'ajustement dans les décisions économiques. Le discours politique dominant reprend à son compte le discours patronal sur la guerre économique, générant ainsi des comportements d'hostilité généralisée dans les rapports entre salariés au sein des entreprises et entre les pays. Plus grave encore, on parle aujourd'hui de marchandisation du vivant, des organes, de l'eau, de la procréation, de l'air, de la culture, etc. On privatise même jusqu'aux politiques publiques... Mais pour l'OIT, je le rappelle, le travail n'est pas une marchandise ! À l'approche de son centenaire, l'organisation a sans doute la responsabilité de revivifier ce principe essentiel et de contribuer à stopper le dangereux mouvement de marchandisation qui tend à considérer que tout à un prix, que tout peut se vendre et que tout peut s'acheter.

Le marché est devenu une fin en soi, un absolu devant lequel toutes les autres considérations, à savoir la dignité humaine, le droit à une vie décente et la sauvegarde de la planète, sont priées de s'incliner. *Idem* pour un principe aussi essentiel porté très tôt par le mouvement syndical : « À travail égal, salaire égal. »

« À travail égal salaire égal »

L'« égalité » est proclamée dès la création de l'OIT en 1919. Elle figure même dans sa constitution. L'égalité salariale est la condition indispensable pour sortir les travailleurs des logiques concurrentielles auxquelles ils sont exposés par les écarts entre rémunérations, entre législations et entre systèmes nationaux de protection sociale. Au cours des dernières décennies, on a vu glisser le grand principe de lutte pour l'égalité vers un principe de lutte contre les discriminations. Si cette évolution est importante, puisqu'elle permet de préciser la nature et les effets des écarts de traitement et de mieux identifier les populations qui en sont les victimes, il convient cependant de l'articuler et non de la substituer à l'objectif d'égalité. Il apparaît en effet essentiel aujourd'hui de conduire les deux objectifs de front : une lutte *contre* les discriminations et *pour* l'égalité.

Deux conventions fondamentales forment la structure normative de l'OIT en ce domaine. La n° 100, qui date de 1951, pose notamment :

> Chaque Membre devra [...] assurer l'application à tous les travailleurs du principe de l'égalité de rémunération entre la main-d'œuvre masculine et la main-d'œuvre féminine pour un travail de valeur égale.

Quant à la convention n° 111 de l'OIT, adoptée par la conférence en 1958, elle vient consacrer ce principe en stipulant notamment : « La discrimination constitue une violation de droits énoncés dans la Déclaration universelle des droits de l'homme. » Par discrimination, la convention précise qu'elle entend « toute distinction, exclusion ou préférence fondée sur la race, la couleur, le sexe, la religion, l'opinion politique, l'ascendance nationale ou l'origine sociale, qui a pour effet de détruire ou d'altérer l'égalité de chances ou de traitement en matière d'emploi ou de profession ». Les États ayant ratifié la convention s'engagent par conséquent « à promouvoir [...] l'égalité de chances et de traitement en matière d'emploi et de profession, afin d'éliminer toute discrimination en cette matière[2] ».

Il est au passage intéressant de souligner que ce texte est parmi les premiers à aborder la question, avec plus de trente ans d'avance, par exemple, sur ceux adoptés par l'Union européenne.

---

2. Une fois encore, on mesure ici combien le concept de « préférence nationale » véhiculé par le FN et d'autres partis nationalistes est contraire au droit international.

« L'émancipation des travailleurs »[3]

L'émancipation de la classe ouvrière est un enjeu consubstantiel à l'apparition du syndicalisme. Elle est pourtant aujourd'hui reléguée au second plan, même si elle fait écho, dans l'une de ses dimensions contemporaines, aux débats autour de l'aliénation au travail. L'OIT a rapidement intégré cette ambition parmi ses grands principes en considérant que la marche vers le progrès de l'humanité passait par l'émancipation des travailleurs. D'une certaine manière, la lutte déterminée de l'organisation contre toutes les formes de travail forcé et d'esclavagisme illustre cette volonté.

Les évolutions du travail imposent de redonner un élan à l'ambition d'« émancipation des travailleurs ». C'est parfois en son nom que l'on entend des chantres du libéralisme prôner la disparition pure et simple de la relation salariale au profit d'une relation commerciale. Cette offensive idéologique libérale, sous couvert de liberté et sur fond de révolution numérique, vise à permettre aux entreprises de mieux contourner les droits, de s'exonérer de toute responsabilité devant la société. Uber et ses avatars deviendraient l'horizon indépassable du travailleur de demain. Il est temps de redonner son sens contemporain à l'objectif de lutte contre l'aliénation et pour l'émancipation réelle des travailleurs, celle qui leur permet effectivement d'échapper à l'arbitraire et au bon vouloir patronal.

Renforcer la lutte mondiale contre toutes les formes de travail forcé

Dans la suite logique de son souci de contribuer à l'émancipation des travailleurs, l'OIT s'est engagée dès ses origines dans une lutte résolue contre l'esclavagisme. Le travail forcé est défini dans la convention n° 29 de l'OIT, qui est l'une des conventions de l'organisation les plus ratifiées (178 pays). Depuis 1930, tout

3. Voir également l'encadré du chapitre 8, p. 96.

travail effectué par une personne contre son gré et sous la contrainte est interdit. Malgré cela, environ 21 millions d'hommes, de femmes et d'enfants sont encore victimes de traite, asservis pour dettes ou travaillent dans des conditions analogues à l'esclavage[4]. Neuf victimes sur dix sont exploitées dans l'économie privée et la moitié d'entre elles sont des migrant-e-s. Aucune région du monde n'est épargnée. Le 20 mai 2014, Guy Ryder, directeur général, commentait en ces termes l'étude actualisée du BIT sur le travail forcé :

> Concrètement, les nouvelles estimations indiquent que plus de la moitié des victimes sont des femmes et des filles, essentiellement dans l'exploitation sexuelle commerciale et le travail domestique, tandis que les hommes et les garçons sont d'abord victimes d'une exploitation économique dans l'agriculture, la construction et les mines.
>
> La répartition des profits générés par l'exploitation économique forcée est la suivante :
>
> - 34 milliards de dollars dans la construction, le secteur manufacturé, les mines et les services d'utilité publique.
> - 9 milliards dans l'agriculture, y compris la foresterie et la pêche.
> - 8 milliards économisés par des ménages privés qui ne rémunèrent pas ou qui sous-paient les travailleurs domestiques employés sous la contrainte.

La masse de profits illicites générée par le travail forcé s'élève en tout à 150 milliards de dollars !

Au-delà du caractère insupportable de ces statistiques qui concernent un grand nombre de victimes, cette « mise en concurrence déloyale » par l'exploitation humaine la plus extrême prive par répercussion de nombreux États de ressources en impôts et

4. Selon les dernières estimations du BIT datant de juin 2012 (issues du site internet de l'organisation) : 11,7 millions en Asie ; 3,7 millions en Afrique ; 1,8 million en Amérique Latine ; 1,6 million dans les pays d'Europe centrale et du Sud (hors UE) et de la CEI ; 1,5 million dans les pays développés ; 600 000 au Moyen-Orient.

autres recettes de Sécurité sociale. Face à ce fléau persistant, la CIT de 2014 a décidé de donner un nouvel élan à la lutte mondiale contre le travail forcé, y compris la traite des personnes et les pratiques analogues à l'esclavage, en révisant la convention n° 29 par l'adoption d'un protocole, un nouvel instrument juridiquement contraignant qui impose aux États de prendre des mesures effectives pour lutter contre ce phénomène. La convention n° 29 et son protocole font ainsi aux États l'obligation fondamentale de supprimer toutes les formes de travail forcé, ce qui signifie qu'ils doivent non seulement incriminer le travail forcé et poursuivre les auteurs des actes, mais également prendre des mesures efficaces pour les prévenir et protéger les victimes en leur donnant accès à des mécanismes de recours et de réparation, notamment l'indemnisation.

Le Royaume-Uni vient de rejoindre le Niger et la Norvège parmi les premiers États à signer le protocole. Quant à la France, sa ratification se fait, à ce jour, toujours attendre.

Carton rouge au travail des enfants

Voici ce qu'Alexandre de Juniac, PDG d'Air France prompt à s'émouvoir devant des chemises déchirées, disait du travail des enfants lors des rencontres patronales de Royaumont les 6 et 7 décembre 2014[5]. « Je me suis penché sur la réglementation du travail des enfants qui est un acquis social. La première réglementation date de 1840. Il fallait avoir au moins huit ans dans des entreprises qui comptaient au moins vingt employés. [...] Ensuite, c'est monté à douze, ensuite à seize ans. [...] C'est quoi l'âge d'un enfant de nos jours ? [...] Est-ce qu'il faut les faire travailler, pas travailler ? Pas sûr ». Des propos glaçants qui soulignent toute l'importance des normes de l'OIT visant à éradiquer le phénomène et à lutter contre ceux qui en profitent.

---

5. Prestation facilement accessible sur internet.

Deux conventions fondamentales de l'OIT portent sur le travail des enfants et les pires formes qu'il peut prendre. L'organisation s'est en effet fixé comme objectif de lutter contre ce fléau. À l'occasion de la Journée mondiale contre le travail des enfants, le 12 juin 2015, l'OIT déclarait :

> Le nombre global d'enfants en situation de travail s'élève à 168 millions. Plus de la moitié d'entre eux, c'est-à-dire, 85 millions effectuent des travaux dangereux. Cette persistance du travail des enfants prend ses racines dans la pauvreté et le manque de travail décent pour les adultes, le manque de protection sociale, et une incapacité à s'assurer que tous les enfants fréquentent l'école jusqu'à l'âge minimum légal d'admission à l'emploi[6].

La convention n° 138 de l'OIT sur l'âge minimum, adopté en 1973, met l'accent sur la relation étroite entre l'éducation et l'âge minimum d'admission à l'emploi ou au travail. Elle déclare que l'âge minimum « ne devra pas être inférieur à l'âge auquel cesse la scolarité obligatoire, ni en tout cas à quinze ans. » Cependant, une majorité d'États tarde encore à aligner ces deux curseurs.

La lutte contre le travail des enfants repose sur deux conditions essentielles à réunir dans les pays qui sont les plus touchés par ce phénomène : l'amélioration des revenus et des conditions de vie des travailleurs adultes, et le développement des systèmes éducatifs. Sans ces deux piliers, l'objectif d'éradication semble bien hypothétique. Au nom des différences de situation, l'OIT a en plus de la convention n° 138 adopté en 1999 la convention n° 182 sur les pires formes de travail de l'enfant. Il est sans doute juste de prôner en la matière une démarche progressive, tant les mesures abruptes peuvent s'avérer contre-productives ou tout simplement impossibles à mettre en œuvre. On a ainsi vu par le passé des campagnes de boycott de tel pays sur telle production déplacer le phénomène de l'exploitation au lieu d'y apporter une solution. En Ouzbékistan par exemple, une campagne de boycott

---

6. Voir http://www.ilo.org/ipec/Campaignandadvocacy/wdacl/lang–fr/index.htm (page consultée en mars 2016).

du coton lancée il y a quelques années à l'initiative de quelques multinationales américaines du textile n'a pas empêché d'autres multinationales concurrentes de reprendre les fournisseurs. Pire : de telles mesures déplacent l'exploitation des enfants lors des récoltes vers d'autres secteurs, non moins dangereux ou inadmissibles[7]. La solution passe donc par un accompagnement des pays concernés et par une aide effective et conséquente au développement, ainsi que par l'amélioration du revenu des familles, donc par le respect d'un ensemble de droits souvent à construire. Si l'éducation et la formation sont, à l'évidence, des moteurs essentiels du développement social et économique, elles exigent des investissements.

Dans de nombreux pays, les systèmes éducatifs sont exsangues. Pour beaucoup trop d'enfants, les possibilités d'accès à l'éducation s'arrêtent au niveau primaire. Dans les faits, l'école pour tous n'existe pas et les populations les plus pauvres, notamment dans les zones rurales, n'y ont pas accès. Autant de facteurs qui, cumulés aux revenus trop faibles des familles, font perdurer le travail des enfants. Les pays les plus affectés ne peuvent résoudre seuls le problème, même lorsqu'ils sont accompagnés par le BIT. Dans ce domaine comme dans tant d'autres, l'aide au développement, les projets de coopération et de solidarités se révèlent indispensables, mais sont trop souvent insuffisants ou mal déployés.

Les pays développés doivent prendre toute leur part dans cet effort de financement et de mise en œuvre car l'objectif demeure : le travail des enfants doit être éradiqué.

---

7. Comme vers l'exploitation sexuelle dans certains pays ou le travail dans les mines.

Chapitre 8

L'approche stratégique des normes par le mouvement syndical

Dans le bras de fer qui oppose les tenants d'une plus grande soumission de l'économie à des normes et les partisans d'un libéralisme exacerbé, le poids que représente le mouvement syndical et sa capacité à coordonner son intervention de façon efficace sont primordiaux. Rien ne sert de le nier, le syndicalisme est fragilisé, et le taux de syndicalisation dans le monde est partout, à quelques exceptions près, plus ou moins en repli.

Aperçu de la syndicalisation dans le monde

Si le peloton de tête du taux de travailleurs syndiqués se situe dans les pays nordiques (Islande, Finlande, Suède et Danemark) avec des pourcentages frôlant les 70 % [1], cette performance repose largement sur les prérogatives institutionnelles confiées aux confédérations nationales dans les domaines de l'indemnisation du chômage et/ou de l'assurance maladie. Imaginons qu'un travailleur français doive absolument être syndiqué pour être indemnisé en cas de maladie ou de perte d'emploi. Quelle incitation !

1. OIT, « Inclusive Labour Market, Labour Relations and Working Conditions Branch », étude sur soixante-quinze pays, 2015.

Un deuxième peloton comprend lui aussi plus de 50 % de syndiqués (Belgique, Norvège, Malte).

Un grand nombre de pays ont des taux compris entre 20 et 50 % de syndiqués : parmi eux l'Italie, l'Uruguay, l'Irlande, l'Afrique du sud, l'Argentine, la Russie, l'Autriche, le Canada, le Royaume-Uni, Israël, etc. Avec des fondements historiques et politiques très différents.

Le dernier carré, en dessous des 20 %, est important. Je citerai le Japon, l'Allemagne, le Chili, la Bulgarie, la Pologne, le Mexique, le Brésil, les États-Unis, etc.

La France, elle, est plus proche de la voiture-balai, avec 8 % de syndiqués, en grande partie parce qu'être syndiqué dans notre pays n'est pas sans risque pour le travailleur. La peur des représailles dans le secteur privé est le premier facteur mis en avant par les salariés lorsqu'on les interroge sur leur faible syndicalisation[2]. Et la scandaleuse condamnation des huit militants syndicaux de Goodyear à neuf mois de prison fermes participe de cette volonté de discréditer, de criminaliser et ainsi de dissuader l'engagement syndical. Ces décisions sont prises au moment où le code du travail, les mécanismes d'indemnisation du chômage, l'avenir des retraites ou encore les règles de la négociation collective sont dans le viseur gouvernemental.

L'importance du bouclier syndical

Le seul indicateur du taux de syndicalisation ne suffit pas à apprécier l'influence de la parole syndicale dans la vie sociale et politique d'un pays ou dans ses capacités de mobilisation. À cet égard, les immenses rassemblements et manifestations organisés en France sous différents gouvernements en ont surpris plus d'un à l'étranger, qu'ils soient syndicalistes ou responsables politiques. Comment est-il possible qu'avec 8 % de syndiqués, les syndicats

---

2. Selon le baromètre 2013 de l'Observatoire de la répression et de la discrimination syndicales.

français parviennent parfois à mobiliser jusqu'à des millions de personnes ? Michael Sommer, ancien président du DGB, la Confédération allemande des syndicats, m'avait confié un jour : « Si on pouvait conjuguer, à l'échelle de l'Europe, le taux de syndicalisation en Allemagne et la capacité de mobilisation à la française, on pourrait faire de grandes choses ! » Le nombre de syndiqués n'est donc pas le déterminant unique, mais il est un facteur essentiel pour être en capacité de veiller à l'application du droit du travail et obtenir son amélioration. Pour agir, il faut en effet déjà exister, être organisé sur les lieux de travail, à l'échelle de l'entreprise et, de plus en plus, avec d'autres travailleurs appartenant à la même entreprise dans un autre pays ou participant à la même chaîne de production internationale.

Les causes de l'affaiblissement de la présence syndicale sont multiples. Elles passent par des facteurs externes liés, comme je viens de l'évoquer, à la répression antisyndicale, qu'elle soit violente ou beaucoup plus larvée et sournoise, à la modification des *process* de production ou bien encore à l'affaiblissement des bastions industriels dans lesquels le mouvement syndical est parvenu à se développer. La division des organisations syndicales et leur difficulté à se rassembler contribue également à leur fragilisation. L'aptitude des syndicats à organiser collectivement des travailleurs précarisés et éclatés dans de nouvelles divisions internationales du travail est mise à rude épreuve.

Depuis très longtemps, les syndicats sont confrontés à la volonté des employeurs de sortir une partie de la main-d'œuvre à leur service de leurs champs de responsabilités sociales voire fiscales. Certains théorisent sur l'entreprise sans usine, celle qui se contente de passer commande à une multitude de sous-traitants tout en captant la masse du profit généré par la vente du produit fini ; d'autres pronostiquent la fin du salariat dans sa forme historique pour y substituer une relation individuelle et commerciale avec le donneur d'ordre ou le commanditaire. Le contrat commercial remplacerait le bulletin de salaire (là où il existe !), tout le monde deviendrait auto-entrepreneur, la liberté assurée ! Uber avec ses chauffeurs indépendants qui se font payer au lance-pierre en est sans doute le dernier épisode. Le mouvement syndical a naturellement besoin d'analyser ces évolutions et d'occuper tout le terrain du travail.

Vers la création de la CSI : la CES

Sur le plan international, le mouvement syndical a été divisé pendant des décennies. À partir de la fin des années 1940, sur fond de guerre froide et malgré les balbutiements de la mondialisation, le mouvement syndical international souffrait d'un morcellement entre trois organisations internationales censées incarner l'unité des travailleurs du monde. Principalement marqués par la concurrence entre la Fédération syndicale mondiale (FSM) et la Confédération internationale des syndicats libres (CISL), les syndicats étaient, du fait de cette division, enclins à s'organiser selon une logique à dominante géopolitique. La FSM était censée regrouper les partisans du bloc soviétique, la CISL, ceux du modèle occidental. Une troisième organisation, la Confédération mondiale du travail (CMT), née en 1919, regroupait les syndicats se revendiquant de l'obédience chrétienne.

Les activités de chacune des organisations membres de ces structures n'étaient cependant pas systématiquement indexées au clivage géopolitique entre les deux blocs. Rapidement, dès les années 1960, le pragmatisme des syndicalistes confrontés aux logiques de firmes multinationales a su dépasser ces clivages pour assurer la défense des revendications sur la scène internationale. Il demeure que ces barrières organiques ont trop longtemps freiné les coopérations syndicales, et que le mouvement syndical a parfois pris du retard sur la globalisation de ses réponses en raison de vraies divergences idéologiques.

Depuis, le paysage a changé, mais les défis restent les mêmes. La conscience a progressé qu'il était nécessaire de tourner la page et que face à la mondialisation économique, il fallait une mondialisation du droit, et pour la gagner un mouvement syndical international unifié.

La Confédération européenne des syndicats (CES), en anglais European Trade Union Confederation (ETUC), née en 1973, participe de cette prise de conscience. La CGT y a enfin été admise en 1999, après une trop longue période d'interdit. La CES revendique aujourd'hui 45 millions d'adhérents en provenance de 89 organisations nationales implantées dans 39 pays européens [3]. Elle a tenu son dernier congrès à Paris en septembre 2015 autour d'un appel à sortir des politiques d'austérité.

La création de la CSI

Le congrès fondateur de la Confédération syndicale internationale s'est déroulé à Vienne du 1er au 3 novembre 2006. C'est à la fois relativement récent à l'échelle de l'histoire du mouvement syndical et suffisamment ancien pour tirer de premiers enseignements. Ce congrès, qui a réuni 304 confédérations nationales regroupant 168 millions de membres issus de 153 pays, est le résultat d'un long et laborieux processus de recherche d'unité et d'efficacité entre des organisations nationales aux parcours très divers. Il convenait à la fois d'assumer l'héritage des uns et des autres et, dans le même mouvement, d'être capable de structurer une nouvelle force susceptible par sa pluralité et son fonctionnement démocratique d'unir le mouvement syndical a l'échelle globale.

Chacun des groupes déjà constitués apporta sa contribution à la construction de la nouvelle maison. Avec Guy Ryder, alors secrétaire général de la CISL, et Willy Thys, secrétaire général de la CMT, j'ai pu multiplier les échanges en tant que secrétaire général de la CGT, et plus largement au titre d'une série d'organisations qui n'avaient aucune affiliation sur le plan international mais qui voulaient apporter leur concours à la réussite du projet [4].

---

3. www.etuc.org/fr.

4. Au moment de la création de la CSI, FO et la CFDT étaient affiliées à la CISL, la CFTC à la CMT et la CGT était non affiliée.

Dès sa création, nous avons visé de hautes ambitions pour la CSI. Ainsi est-il précisé, dans ses statuts constitutifs :

> [La CSI] assume la tâche de combattre la pauvreté, la faim, l'exploitation, l'oppression et l'inégalité par le biais de l'action internationale que réclament les conditions de l'économie globalisée, tout comme elle assume la tâche de lutter pour la gouvernance démocratique de cette économie, dans l'intérêt du travail, qu'elle considère primer sur l'intérêt du capital [5].

Son caractère large, pluraliste et démocratique est souligné :

> L'affiliation à la Confédération, qui se veut unitaire et pluraliste est ouverte aux centrales syndicales démocratiques, indépendantes et représentatives, dans le respect de leur autonomie et de la diversité de leurs sources d'inspiration et de leurs formes d'organisation [6].

Parmi les nombreux objectifs que s'assigne la CSI dès son premier congrès figure le soutien à l'OIT, considérée comme un point d'appui pour l'intervention syndicale :

> Le Congrès affirme son ferme soutien à l'Organisation internationale du travail dans la poursuite de son mandat historique imprescriptible de promouvoir la justice sociale et les droits et intérêts des travailleuses et travailleurs partout dans le monde. Il engage la CSI, par le biais du Groupe des travailleurs de l'OIT, à renforcer l'OIT, à accroître la participation des femmes en son sein, et l'efficacité de son travail [7].

Je sais d'expérience combien il faut faire œuvre de persuasion pour convaincre des organisations en priorité tournées vers leurs impératifs nationaux de consacrer du temps et des moyens pour leur participation à la réflexion stratégique et à l'action internationale. C'est pourtant un impératif pour tous les syndicalistes, qui sont bien placés pour constater au quotidien que le moindre sujet à traiter dans l'entreprise, y compris le plus anodin, entre à un moment donné en interaction avec une problématique internationale.

---

5. Statuts de la CSI, déclaration de principes.

6. *Idem*.

7. « Programme de la CSI », art. 33.

À l'heure où l'OIT, seule institution mondiale qui représente un réel levier pour répondre aux revendications des travailleurs, se trouve violemment attaquée, il m'apparaît déterminant que les organisations nationales soient davantage sensibilisées sur la nature des offensives patronales et puissent réagir en toute connaissance de cause et en conséquence. Il me semble également opportun que le mouvement syndical travaille et élabore sa propre vision du second siècle de l'institution, des objectifs à lui assigner, des mécanismes qui, au sein de l'OIT, doivent être actualisés pour qu'elle atteigne son objectif toujours d'actualité : assurer la paix par la promotion de la justice sociale.

Pour ce faire, la CSI peut s'appuyer sur la délégation des travailleurs qui siège au conseil d'administration du BIT. Composée de femmes et d'hommes d'expérience, issus de tous les continents, elle a les capacités, si on lui en donne les moyens, de placer le syndicalisme international en force de propositions et pas simplement en résistance aux prétentions des employeurs. Il y a une certaine urgence à prendre la bonne mesure de la situation. L'année 2016 débute avec l'ouverture d'un processus lourd d'enjeux et de risques dit de « révision du mécanisme des normes ». Il est question d'une mise à plat globale du corpus normatif existant aujourd'hui à l'OIT et cela n'a rien à voir avec un simple dépoussiérage. Nous connaissons l'argumentation des employeurs visant à « simplifier » et « moderniser » les normes comme d'autres veulent, en France, « simplifier » et « moderniser » le code du travail. Le mouvement syndical international ne doit donc pas attendre pour agir. En lien avec ses fédérations mondiales de branche, la CSI a la responsabilité de coordonner une riposte cohérente et vigoureuse à même de défendre les intérêts des travailleurs partout dans le monde. Nous devons mieux nous organiser pour préserver le droit international du travail durement conquis et définir de nouveaux droits aptes à garantir dans un contexte en évolution un progrès social accessible à tous. Il s'agit en somme pour le mouvement syndical d'assumer de manière offensive le défi des nouvelles frontières du droit international du travail.

De l'abolition du salariat au nouveau statut du salarié

Comment les travailleurs appréhendent-ils la question des normes internationales du travail et plus généralement la question même de la régulation sur le temps long ? Que penser par exemple de cette revendication phare datant des origines du mouvement syndical en France qui exigeait « l'abolition du salariat »[8]. Aujourd'hui, l'ensemble des organisations syndicales françaises demandent au contraire, *de facto*, l'extension à tous du statut de salarié puisqu'elles luttent toutes pour que chaque travailleur soit prioritairement employé dans le cadre d'un contrat à durée indéterminée. Cela signifie-t-il qu'il y a revirement complet sur ce point ?

Il s'agit au contraire d'une remarquable constante dans la finalité et les considérants de la revendication. La CGT des origines estimait, à juste titre compte tenu des conditions dans lesquelles elle s'exerçait à l'époque, que l'activité salariée revenait à de l'esclavage. La qualité de salarié, dans le contexte du syndicalisme naissant, ne libérait en effet d'aucun lien contraignant, ne procurait aucun droit. C'est progressivement et dans la lutte que la condition de salarié a gagné des droits, jusqu'à apparaître aujourd'hui comme la situation la plus enviable, vu les formes dégradées qui cohabitent avec elle : emploi précaire, à temps partiel, voire informel, course aux auto-entrepreneurs sans droits aucun. Certains employeurs ne cachent d'ailleurs pas leur volonté aujourd'hui de sortir du salariat, de placer les travailleurs en dehors d'un périmètre qui les protège. Il en est ainsi par exemple dans le domaine des services informatiques ou de la sous-traitance qui permet de contourner les obligations légales. Aux conquêtes collectives qui ont permis au salariat d'acquérir des droits, le patronat nous oppose une refonte de la relation de travail, désormais basée sur un contrat de nature commerciale et non plus liée au code du travail.

Évidemment, le statut de salarié ne préserve pas aujourd'hui des formes d'aliénation au travail. Les syndicats mettent régulièrement en lumière les organisations du travail pathogènes qui conduisent à des situations inacceptables de souffrance. Le travail, même assorti

8. Voir Guillaume Davranche, *Trop jeunes pour mourir. Ouvriers et révolutionnaires face à la guerre (1909-1914)*, Paris, Libertalia, 2014.

de droits, de régimes d'assurance ou de retraite ambitieux, est trop souvent une aliénation, trop rarement un facteur d'émancipation.

Demander l'abolition du salariat il y a cent ans et demander aujourd'hui la reconnaissance d'un statut pour tous les salariés reposent en fait sur une même dynamique. Celle de la recherche de nouveaux droits pour les travailleurs et de nouveaux pouvoirs d'intervention sur leur travail et son organisation. Ces droits ont été gagnés et ne peuvent être défendus qu'en articulant la présence des syndicats dans les institutions et la création de rapports de force. Cela est vrai au plan international comme au plan national.

Focus : lorsqu'une multinationale contribue au travail forcé

- **Multinationale** : Vinci
- **Autres acteurs impliqués** : État qatari
- **Secteur** : construction
- **Pays** : Qatar
- **Période** : 2000-2016
- **Victimes** : travailleurs migrants d'Asie du Sud-Est
- **Nature de l'infraction** : violation de la convention n° 29 de l'OIT sur le travail forcé
- **Lanceurs d'alerte** : Syndicats (fédération CGT de la Construction, du Bois et de l'Ameublement), ONG (Sherpa).
- **Résumé de l'affaire** : Depuis plusieurs années, le Qatar cherche à apparaître comme l'eldorado des compétitions sportives et autres manifestations internationales. Maniant à merveille l'art de la corruption, ce pays utilise la manne générée par ses ressources pétrolières pour asseoir sa puissance financière et sa force d'attraction « diplomatique » et ainsi remporter l'organisation de ces événements mondiaux. Mais l'envers du décor qatari est sombre en matière de travail ; 83 % des 2,3 millions d'habitants de ce petit pays sont des travailleurs migrants, venant de 130 pays, employés principalement à la construction d'infrastructures sportives et de loisirs. Leurs conditions d'emploi relèvent de l'esclavagisme : confiscation des passeports, privation des mouvements, travail dans des conditions climatiques effroyables, logements indignes, absence de congés et de repos,

horaires démentiels, versement des salaires au départ, le tout érigé jusque récemment en système, la kafala[9]. En 2015, la fédération CGT de la Construction et Sherpa ont déposé une plainte contre Vinci afin d'interroger directement la responsabilité pénale d'un grand groupe disposant de chantiers sur place dans l'entretien d'un tel système. L'affaire est toujours en cours d'examen à la parution de ce livre mais elle dédouble utilement la pression, par ailleurs conduite sur l'État qatari, dans des enceintes comme l'OIT, dont le conseil d'administration aura prochainement à se prononcer sur le possible envoi d'une commission d'enquête sur place[10].

9. Loi dite de « parrainage » qui réduit à néant les droits des travailleurs immigrés.

10. Voir à ce propos la conclusion.

Troisième partie

Les nouvelles frontières du droit international du travail

Comment le mouvement syndical, et plus largement les mouvements citoyens, peuvent-ils prendre la mesure des défis sociaux et environnementaux qui concernent à la fois la planète et ses habitants ? En rester à une posture critique dénonçant les dérives financières et marchandes actuelles condamne au pire à l'inaction, au mieux à la seule dénonciation de processus pilotés par les adeptes de la théorie du ruissellement selon laquelle l'absence de règles au développement du marché garantit son efficacité et, en dernier ressort, la répartition équitable des richesses. Une distribution des miettes en quelque sorte.

Riposter à cette fable néolibérale suppose que le mouvement syndical et les mouvements citoyens reprennent l'offensive en plaçant le respect du droit international du travail comme l'un des objectifs de l'Union européenne, comme l'un des critères de l'activité du FMI et comme l'une des conditions à la conclusion des accords de libre-échange (ALE).

Définir les nouvelles frontières du droit international du travail nécessite également de conjuguer bien-être social et environnemental. Au-delà des intentions, il s'agit, dans ce domaine également, de passer de la parole aux actes, et de pouvoir vérifier l'impact réel de ces engagements.

Chapitre 9

L'Union européenne et le droit social international

C'est en Europe, berceau historique du syndicalisme et des luttes collectives, que le droit social est aujourd'hui le plus développé. Inutile de chercher plus loin la raison pour laquelle il y est également le plus attaqué. Cet affrontement est ainsi devenu un enjeu central pour le devenir des droits des travailleurs partout dans le monde : l'issue de la bataille qui se déroule aujourd'hui en Europe est d'une importance colossale. Elle peut déboucher sur une amélioration des conditions et un progrès pour l'ensemble des travailleurs de la planète ou au contraire sur une régression importante des droits sociaux en Europe, entretenant dans son sillage un *statu quo* pour ceux qui n'ont pratiquement aucun droit.

L'Union européenne : un espace d'inégalités des droits

Malheureusement, confrontée à cet enjeu mondial, l'Union européenne apparaît aujourd'hui incapable de définir une vision politique portant une ambition de progrès social partagée par tous ses États membres. Ce constat n'est pas pour rien dans le fossé qui s'élargit entre les citoyens européens et les institutions qui les régissent. Dans la plupart des pays d'Europe, la défiance grandit à l'égard de l'Union européenne, souvent synonyme d'austérité et de régression sociale. Elle se traduit par une forte abstention aux élections européennes et par une méfiance envers une technocratie réputée insensible aux préoccupations sociales. Pour redresser la barre, quatre-vingts économistes ont récemment lancé un appel pour « sortir de l'impasse économique » : « [...] il est temps de remettre en cause ces règles néolibérales qui ont fait que l'Union européenne est devenue le grand malade de l'économie mondiale [1]. »

De grandes variations en matière de ratification

On pourrait imaginer les différents États européens à l'avant-garde en matière de ratification et de respect des normes internationales du travail. Cela est vrai pour un certain nombre de pays comme l'Espagne et la France, qui se trouvent respectivement à la première et à la deuxième places mondiales (133 ratifications pour la première, 128 pour la seconde). Mais que dire de pays comme l'Estonie (38 ratifications), la Lituanie (44) et même l'Autriche (54) ou le Danemark (73), lorsque l'Allemagne se situe à 86 et le Royaume-Uni à 88 ?

Il existe donc un différentiel de près de cent conventions ratifiées entre la première et la dernière place au sein de l'Union européenne. Certes, cette dernière fixe comme condition aux États candidats à l'adhésion qu'ils ratifient les huit conventions fondamentales [2], de sorte que l'on peut parler de ratification « universelle » de ces normes si l'on prend seulement en compte le périmètre des vingt-huit États membres. Mais le seul exemple de la convention relative aux travailleurs migrants suffit à démontrer la situation inégale des droits sociaux au sein de l'Union européenne. Comment tolérer en effet que les travailleurs migrants situés en Italie, à Chypre, en Suède, au Portugal ou en Slovénie soient protégés par la convention n° 143 alors que ceux situés dans les vingt-trois autres pays membres, dont la France, ne le sont pas ? Cette convention fait notamment obligation aux États de consulter les organisations syndicales et patronales sur la situation des

---

1. Collectif, « L'appel de 80 économistes pour "sortir de l'impasse économique" », www.lemonde.fr, 10 février 2016.
2. Voir annexe 2, p. 201.

travailleurs migrants. Elle prescrit l'égalité d'accès des migrants et des nationaux aux systèmes de sécurité sociale, prône le respect des différences, la lutte contre toutes les discriminations et le droit des migrants à préserver et à défendre leur identité et leur langue, de même qu'elle interdit toute différence de traitement, de conditions de travail, d'emploi, de droits différés (maladie, retraite) et d'avantages sociaux entre travailleurs migrants et travailleurs nationaux. Sur ce dernier aspect, la directive détachement[3] est incompatible avec la ratification de la convention n° 143.

Que dirait la Cour européenne des droits de l'Homme de cette différence de traitement au sein même du territoire de l'Union européenne si elle était saisie sur ce point ? Comment tolérer ces discriminations dans l'accès au droit international du travail dans un même espace économique et politique ? Les exemples pourraient être multipliés et ne sont pas uniquement circonscrits à la situation des migrants. En matière de santé au travail, par exemple, on observe une grande diversité de situation entre pays européens. La quarantaine de normes de l'OIT sur ce champ est en effet très inégalement ratifiée. De même, certaines conventions importantes peinent à être ratifiées par des États qui font de la résistance : il en est ainsi de l'Allemagne et du Royaume-Uni en ce qui concerne les conventions n° 106 sur le repos hebdomadaire obligatoire ou n° 158 sur le licenciement, mais aussi de la France par rapport à la convention n° 151 sur les relations de travail dans la fonction publique.

---

3. La directive détachement permet par exemple à un patron français d'employer un travailleur migrant européen aux « conditions sociales » de son pays d'origine. Ce dernier touchera ainsi le salaire français mais les cotisations sociales (maladie, retraite, chômage) assises sur son salaire seront celles du pays d'origine.

Trois conventions de l'OIT qui mettent la France en défaut

• La convention n° 106 fait obligation aux États signataires de respecter le principe d'un repos hebdomadaire. La CGT et FO ont récemment porté plainte devant l'OIT contre les dispositions de la loi Macron s'attaquant au repos dominical.

• La convention n° 158 fait obligation aux employeurs de justifier les raisons d'un licenciement. Elle a eu raison de la loi instituant le contrat nouvelle embauche en 2006.

• La convention n° 151 fait obligation aux États signataires de conduire des négociations dans la fonction publique. En France, le droit à la négociation ne recouvre pas les mêmes obligations dans la fonction publique et dans le secteur privé (dans lequel interviennent chaque année des négociations obligatoires portant notamment sur les salaires).

L'Union européenne est-elle hors la loi du travail ?

Comme nous venons de le voir, on observe donc un important écart dans l'engagement des États de l'Union européenne à l'égard des normes internationales du travail. Par ailleurs, trop souvent, les États membres évoquent leur appartenance à l'Union pour freiner la dynamique de ratification des conventions de l'OIT. Ainsi, prétendent-ils, on ne pourrait ratifier telle ou telle convention que si la commission, donc l'ensemble des autres États membres, y serait également favorable. Cet argument sert principalement à se défausser.

Un autre argument du même type est souvent invoqué par la France : l'accord préalable des institutions communautaires serait requis avant qu'elle ne ratifie certaines conventions. Il faudrait attendre le signal de Bruxelles afin de ne pas placer en porte-à-faux, par une action nationale intempestive, le droit communautaire vis-à-vis des normes internationales du travail. C'est juridiquement vrai, mais il ne faut pas que cela serve à « jouer la montre ». Concernant la convention n° 189 sur les travailleurs domestiques par exemple, la ratification de la France se fait toujours attendre alors que l'Union européenne a donné son feu vert.

Lorsque l'UE fait le tri entre les normes

En juin 2013, la direction générale Emploi, Affaires sociales et Inclusion de la Commission européenne (sorte de ministère du Travail de l'Union européenne) a publié un étonnant document[4] censé croiser les normes internationales du travail avec celles de l'Union européenne. Il en ressort une classification des conventions de l'OIT en trois catégories : celles relevant de la haute priorité, pour laquelle la ratification par les États est encouragée ; celles relevant de la priorité moyenne, pour laquelle la ratification n'est pas encouragée ; celles, enfin, relevant de la priorité basse, pour laquelle la ratification est déconseillée. Quatre normes sont mêmes jugées incompatibles avec le droit communautaire pour différentes raisons (sur des sujets aussi divers que le travail de nuit des femmes, les clauses de travail dans les contrats publics, les migrants ou les conditions de travail dans les plantations). J'y reviendrai. De plus, pour revenir à la convention n° 143 sur la situation des travailleurs migrants, elle est dans ce document considérée comme relevant de la compétence exclusive de l'Union (à la différence d'autres qui relèvent d'une compétence partagée ou exclusive des États membres).

Il devient impossible dans un tel contexte d'exiger de la France la ratification de certaines conventions, l'autorisation préalable devant effectivement être accordée par la Commission. Dès lors, comment accepter que l'Union européenne ne soit pas directement sujet de droit, c'est-à-dire responsable et redevable, au même titre que les États, devant le « code international du travail », puisque

---

4. Commission européenne, direction générale Emploi, Affaires sociales et Inclusion, « Analysis – in the Light of the European Union Acquis – of ILO up to Date Conventions », juin 2013.

c'est elle qui donne ou non le feu vert à ses États membres pour les ratifications [5] ?

Ce document de la délégation Emploi, Affaires sociales et Inclusion, qui constitue le fondement de l'approche de nombreux ministères du Travail de pays membres en matière de ratification des normes de l'OIT, contient ainsi un chapitre entier dressant la liste des conventions incompatibles aux yeux de la Commission européenne avec l'acquis communautaire ou les traités. Parmi elles, on retrouve un autre texte relatif aux travailleurs migrants : la convention n° 97, pourtant ratifiée par la France en 1954, est ainsi jugée incompatible. À l'appui de ce verdict sans appel, la Commission liste les huit divergences entre le droit communautaire et cette convention : elle conteste par exemple qu'elle fasse obligation aux États l'ayant ratifiée de fournir aux migrants un service gratuit en matière d'emploi ou d'assurer leur accueil dans des conditions décentes. Quant à la convention n° 143 déjà examinée plus haut et qui concerne également les travailleurs migrants, ce ne sont pas moins de treize points de divergences qui sont listés. La Commission européenne n'aime décidément pas les normes de l'OIT en faveur des migrants, alors qu'elles constituent un point d'appui important et qu'elles ont une résonance forte dans l'approche que le mouvement syndical européen développe sur ce sujet. Il est d'ailleurs grand temps que la France ratifie cette convention 143, qui date de 1975 !

L'UE ne doit pas se dérober au droit international du travail

Les appréciations de la direction générale Emploi, Affaires sociales et Inclusion renvoyées aux États pour orienter leurs déci-

5. La compétence exclusive de l'Union européenne concerne ainsi vingt-sept conventions portant notamment sur les migrants, les droits fondamentaux, la santé au travail, la sécurité sociale, les salaires, le temps de travail, l'inspection du travail ou l'emploi.

sions de ratification sont d'autant plus intolérables lorsque l'on sait que l'Union européenne, de par son statut d'observateur à l'OIT, n'est pas directement concernée par les normes et qu'elle se situe même parfois hors-la-loi internationale du travail. Alors que l'Union européenne produit du droit auquel les États membres doivent se soumettre, elle s'exonère parfois des règles que fixe l'OIT. Comment cela se peut-il ?

Ce paradoxe n'est pas nouveau et apparaît de façon éclatante dans le cadre de la production de jurisprudence par les différentes instances juridiques européennes. C'est ainsi que les arrêts Laval[6] et Viking[7] émis par la Cour de justice des communautés européennes (CJCE) en 2007 subordonne l'exercice du droit de grève aux intérêts économiques de l'entreprise. Leurs contenus contreviennent dès lors ostensiblement à la convention n° 87 de l'OIT sur les libertés syndicales.

En 2011, nos camarades du Trades Union Congress (TUC)[8] britannique avaient attaqué un acte législatif du Royaume-Uni qui visait à transposer dans leur droit national cette jurisprudence de la CJCE. Le comité des experts pour l'application des conventions et recommandations de l'OIT avait alors considéré que cet acte législatif se plaçait potentiellement en contravention de la convention n° 87 de l'OIT. Par ricochet, les experts attaquaient aussi les décisions de la CJCE à la source de cette évolution législative britannique, donc les arrêts Laval et Viking.

Pourtant, les arrêts de la CJCE eux-mêmes ne tombent pas directement sous le coup de la loi internationale du travail. Ce désaveu par l'OIT d'une jurisprudence européenne très favorable

6. CJCE, affaire C-341/05, Laval Und Partneri Ltd contre le syndicat suédois des travailleurs du bâtiment, 18 décembre 2007.

7. CJCE, affaire C-438/05, fédération internationael des transports et syndicat des pêcheurs finlandais contre l'entreprise Viking Line, 11 décembre 2007.

8. Congrès des syndicats du Royaume-Uni, qui comptent près de 6 millions de membres en octobre 2015.

au patronat avait à l'époque suscité l'offensive de l'Organisation internationale des employeurs (OIE), qui avait alors menacé de quitter l'OIT si le dossier des Britanniques était inscrit à l'ordre du jour des travaux de la CIT de 2011. Il est dommage que l'affaire n'ait finalement pas été retenue parmi les cas soumis à l'examen de la conférence.

Dans la foulée de cette affaire, les employeurs ont continuellement attaqué le rôle des experts chargés de l'application des normes. Ce ne sont plus seulement les conditions d'exercice du droit de grève qui sont remises en cause par les employeurs mais le rôle même du comité des experts chargés de veiller à l'application des conventions et recommandations de l'OIT dans tous les domaines.

Face à de telles attaques, qui participent à l'affaiblissement du droit social en Europe, il est indispensable que les syndicats européens, réunis au sein de la Confédération européenne des syndicats (CES), se saisissent de ces enjeux et mènent la bataille. Dans un tel contexte, l'OIT est indéniablement un point d'appui pour aider le mouvement syndical à sortir l'Europe de la trappe de l'austérité et des atteintes au droit du travail dans lesquels elle est enferrée depuis le début de la crise. On a vu par exemple combien, si elles avaient été prises en compte, les recommandations de l'OIT sur la Grèce auraient aidé le pays à sortir du cercle infernal de la récession et de la paupérisation de sa population, tout en préservant son système de négociation collective. À ce propos, comment ne pas être scandalisé par le deux poids deux mesures pratiqué par l'Union européenne vis-à-vis de ses membres : elle a refusé d'entendre les demandes de la Grèce de Tsipras lorsqu'elles portaient sur une mise en cause de sa logique austéritaire mais cède au Royaume-Uni de Cameron et l'autorise à déroger aux règles sociales et d'accueil des migrants pour éviter le Brexit.

Alors qu'elle pourrait être un point d'appui pour enclencher une dynamique de progrès social à l'échelle mondiale, l'Union européenne est devenue un frein dans la conquête de nouveaux droits sociaux. Les institutions mondiales régissant le commerce et la finance ne sont malheureusement pas en reste.

Chapitre 10

Soumettre le FMI au droit international du travail

Comme les organisations régionales, les institutions multilatérales feignent d'ignorer les normes internationales du travail. C'est ainsi que certaines conditionnalités de remboursement des prêts « concédés » par les bailleurs internationaux, au premier rang desquels le FMI et la Banque mondiale, contreviennent ostensiblement aux normes internationales du travail ou aux préconisations de l'OIT. On l'a vu récemment dans le cas de la Grèce, où les prescriptions de la Troïka [1] revenaient à inciter le pays à se placer en dehors des conventions n°s 87 et 98 portant sur les libertés syndicales et la négociation collective. Il est grand temps que les institutions financières internationales soient soumises au respect du code international du travail, car les dégâts sociaux qu'elles produisent sont d'ores et déjà considérables. Pour en comprendre les raisons, une rapide analyse du fonctionnement de ces institutions est indispensable.

1. Nom donné à l'attelage composé de la Commission européenne, la Banque centrale européenne et le FMI pour mettre au pas à partir de 2009 l'Irlande, puis la Grèce et le Portugal.

De quoi le FMI est-il le nom ?

Le 22 juillet 1944, les quarante-cinq nations victorieuses du second conflit mondial signent à Bretton Woods l'acte de naissance du FMI. L'URSS se cantonne dans un rôle d'observateur. Ces quarante-cinq États créent aussi la Banque internationale pour la reconstruction et le développement (BIRD) en 1945, première étape sur le chemin de l'établissement de l'actuelle Banque mondiale. Tandis que le FMI se voit confier le rôle de garantir la stabilité du système monétaire international, la BIRD a pour mission de favoriser la reconstruction et le développement économique des pays touchés par la guerre. Avec la création de l'Organisation des Nations unies, les deux institutions deviennent ses agences. Mais elles ont progressivement réussi, grâce à leurs statuts et à la pression des États-Unis, à échapper au contrôle effectif de l'ONU.

Une institution antidémocratique

Le FMI ressemble plus à une société par actions qu'à une institution multilatérale démocratique. En effet, à la Banque mondiale et au FMI, le principe n'est pas un État = une voix, comme à l'OIT, mais un dollar = une voix, ce qui change tout. Les États-Unis sont le pays contributeur principal du FMI, et possèdent ainsi 16,79 % des droits de vote. Sachant qu'aucune décision importante ne peut être prise si elle ne recueille pas au moins 85 % des voix, les États-Unis se retrouvent de fait avec une minorité de blocage. L'Union européenne possède quant à elle 32,1 % des droits de vote. Selon une règle tacite, le directeur du FMI est un Européen (et plus particulièrement un Français, puisque le FMI a connu près de quarante ans de pilotage français, dernièrement incarné par les deux directions générales de Dominique Strauss-Kahn et Christine Lagarde).

Les dix premiers pays, qui représentent plus de 50 % du PIB mondial, ont la majorité des droits de vote alors que le FMI compte 188 États membres. Le déséquilibre est collossal entre les pays industrialisés (63,7 % des droits de vote en 2000) et les pays en développement (29,3 %), les pays producteurs de pétrole contrôlant les 7 % restant (dont l'Arabie saoudite 3,3 %)[2]. C'est en raison de cette question de la répartition des droits de vote que certains posent la question de l'équité du FMI. Les économistes américains Paul Krugman[3] et Joseph Stiglitz[4] considèrent eux aussi que le FMI est une institution au service de son principal actionnaire : les États-Unis.

Chacun des États membres est représenté au FMI par un gouverneur, qui est en général son ministre des Finances. Un directoire de vingt-quatre personnes, le conseil d'administration, assure sa gestion quotidienne. Il est composé d'une façon antidémocratique mais malheureusement assez courante dans les sphères onusiennes[5] : huit pays (États-Unis, Japon, Allemagne, France, Royaume-Uni, Arabie saoudite, Chine et Russie) ont droit à leur propre administrateur tandis que tous les autres sont forcés de constituer des groupes, respectant un découpage géopolitique parfois étrange, voire douteux. Ainsi, un même groupe réunit l'Espagne, le Mexique, les États d'Amérique centrale et le Venezuela, dans une vision très « linguistico-historique », voire néo-colonialiste. Un autre groupe comprend vingt-trois pays africains parmi les plus pauvres, cumulant... 1,35 % de droits de vote !

Une institution où règnent l'erreur et l'approximation

Le principal objectif du FMI, d'après son site internet, est « d'assurer la stabilité du système monétaire et financier international, de promouvoir la stabilité économique et prévenir les

2. Comité pour l'annulation de la dette du tiers-monde (CADTM), « Les droits de vote du FMI en 2012 », 2012.

3. Voir Paul Krugman, *L'Amérique que nous voulons*, Paris, Flammarion, 2008, et *Sortez-nous de cette crise... maintenant !*, Paris, Flammarion, 2012.

4. Voir Joseph E. Stiglitz, *La Grande Désillusion*, Paris, Plon, 2002.

5. Et malheureusement, ni l'ONU ni l'OIT ne font exception, leurs instances dirigeantes réservant des sièges permanents, non sujets à rotation et à élection à une poignée d'États (qui varient d'ailleurs légèrement en fonction des organisations).

crises ; de contribuer à la résolution des crises, lorsqu'elles se produisent ; de promouvoir la croissance et alléger la pauvreté ». Or, le FMI a été incapable de prévoir la plus grande crise que la planète ait connu depuis 1929, celle des subprimes de l'automne 2008. En avril 2007, ses analyses ont occulté les risques de l'expansion du crédit immobilier et martelaient encore que le contexte économique et financier restait très favorable, qu'une « crise majeure dans les grands pays industriels était peu probable ». En 2007 toujours, les rapports du FMI affirmaient que « les perspectives à moyen terme de l'Islande rest[ai]ent enviables » avant que la bulle financière n'éclate et fasse sombrer l'ensemble du secteur bancaire de ce pays. Enfin, durant l'été 2008, le FMI annonçait que « la crise avait été maîtrisée ». Quelques semaines plus tard, Lehman Brothers faisait faillite, entraînant le secteur bancaire mondial dans une chute qui aurait été fatale sans le soutien des États, appelés à la rescousse pour pallier l'inertie des marchés financiers pourtant supposés efficients. Au mois de mai de la même année, Dominique Strauss-Kahn lançait depuis Bruxelles, au sujet du secteur financier, cette affirmation péremptoire : « Les pires nouvelles sont derrière nous. »[6]

Une institution aveugle et dogmatique

Les préconisations du FMI en matière de politique économique se caractérisent par un aveuglement idéologique et une incapacité d'adaptation aux situations particulières. Persuadé que la main invisible du marché peut tout, le FMI croie à la fable d'un capitalisme qui s'autorégule.

Dans les pays « bénéficiaires », les interventions du FMI, au prétexte d'un sauvetage financier des pays qui les subissent, aggravent la pauvreté, détruisent les liens sociaux, suppriment ou diminuent la capacité d'intervention des États. Les plans dits d'« ajustement structurel », souvent développés conjointement

---

6. Les citations de ce paragraphe sont issues de l'article de Jean Tosti, « Le FMI, un ami qui vous veut du mal », *Lignes d'attac*, n° 77, septembre 2009.

avec la Banque mondiale, préconisent systématiquement tout ou partie d'une même recette ultralibérale : privatisation des entreprises et des services publics (y compris la santé et l'éducation), ouverture du marché intérieur, baisse des barrières douanières, réduction des dépenses publiques, des salaires, des pensions, licenciement de fonctionnaires, dérégulation des marchés du travail, abandon du contrôle des mouvements de capitaux. Les effets de ces politiques ont été dévastateurs dans bien des pays : ils ont généré des tensions sociales énormes dans plusieurs pays d'Amérique du Sud au cours des années 1980, une spoliation généralisée et la constitution des oligarchies financières et économiques lors de la transition à marche forcée des pays d'Europe de l'Est et de l'ex-URSS dans les années 1990, la crise asiatique de 1997, la quasi-disparition des chemins de fer au Sénégal, la réduction des dépenses de santé face à la progression de l'épidémie du Sida en Afrique sub-saharienne. En réaction, plusieurs pays ont refusé l'« aide » du Fonds, comme l'Argentine, où le couple Kirchner a rééchelonné unilatéralement au début des années 2000 la dette avec les créanciers privés, ce qui lui a permis de retrouver dès 2002 d'importants taux de croissance. Pour mettre dehors le FMI et se libérer de ses diktats, l'Argentine a ensuite décidé en 2005 le remboursement total de la dette de façon anticipée.

Le tournant de la crise de 2008

Alors qu'avant la crise de 2008 le FMI avait du mal à séduire de nouveaux États emprunteurs, il apparaît à partir du G20 de Londres d'avril 2009 comme le principal bénéficiaire de la crise globale. En effet, dans la déclaration finale de ce G20, les Nations unies sont citées deux fois, l'OIT une seule, le FMI dix-huit. Signe qu'il reçoit alors clairement le mandat du G20 d'opérer l'ajustement structurel par la réduction des dépenses publiques des États qui solliciteront son intervention. Résumons. Incapable de prévenir une crise financière d'une ampleur inégalée depuis 1929, le FMI se voit récompensé de son aveuglement par un G20 qui lui confie la mission de gendarme des États accusés de trop dépenser alors que leur intervention a sauvé le système bancaire mondial de la faillite.

Avec la crise, on a donc vu le FMI « voler au secours » de nombreux États et, fait nouveau, intervenir dans le périmètre de l'Union européenne : en Europe de l'Est en 2009 et 2010 (Lettonie, Hongrie, Roumanie), puis en Europe de l'Ouest (Irlande, Grèce, Portugal). Rappelons que l'octroi des prêts est toujours soumis à ce qu'on appelle une « conditionnalité » dans le langage du FMI, autrement dit à des mesures-chocs censées assainir le budget des États emprunteurs. À titre d'exemple, le gouvernement letton a pris en juin 2009 toute une série de mesures dont l'objectif était de baisser les dépenses publiques de 40 % en cinq ans : diminution de presque 25 % du salaire minimum, diminution de 35 % des dépenses liées aux salaires dans les ministères, baisse des retraites, augmentation des impôts. Ces mesures ne satisferont pourtant pas le FMI qui, estimant que les choses ne vont pas assez vite, refusera d'accorder la deuxième tranche du prêt promise à la Lettonie, avant de lui imposer un nouveau train de mesures qui conduiront ce petit pays à fermer du jour au lendemain des écoles ou des hôpitaux[7].

Du côté de la France

Concernant la France, le FMI est depuis plusieurs années globalement satisfait des réformes « courageuses » entreprises par les gouvernements successifs, même s'il regrette que ces réformes ne soient ni assez rapides ni assez radicales. Il s'était officiellement réjoui de l'élection de Nicolas Sarkozy en 2007 :

> L'élection d'un nouveau président et la nomination d'un gouvernement ouvertement réformateur offrent à la France l'occasion historique de renouer avec une croissance soutenue où chacun verrait ses opportunités accrues[8].

7. Faits rapportés en 2009 par la confédération syndicale lettonne LBAS.
8. Propos rapportés par Jean Tosti, art. cit.

Depuis, le FMI ne manque jamais une occasion de féliciter la France lorsqu'elle réalise des économies dans ses dépenses publiques et l'encourage à poursuivre son effort en matière de flexibilisation du marché du travail ou de réforme des retraites.

Après la défaite de Nicolas Sarkozy, le FMI n'a pour autant pas eu à s'inquiéter longtemps. Dans les relations qu'entretiennent le FMI et le gouvernement de François Hollande, le changement n'est pas pour maintenant. Le discours de campagne électorale du Bourget a malheureusement rejoint le grenier des promesses élyséennes non tenues :

> Je vais vous dire qui est mon adversaire, mon véritable adversaire. Il n'a pas de nom, pas de visage, pas de parti. Il ne présentera jamais sa candidature, il ne sera donc pas élu ; et pourtant il gouverne. Cet adversaire, c'est le monde de la finance [9].

Il n'y a pas lieu d'aller bien plus loin pour comprendre une large part du désenchantement des électeurs de gauche aujourd'hui.

Enjeux de la conditionnalité sociale et environnementale

Face à ce bilan globalement très négatif, il est urgent de réformer profondément le mode de fonctionnement et les finalités du FMI. Une réforme ambitieuse doit se fixer comme objectif prioritaire la promotion et le respect du droit social et du droit du travail à tous les échelons de régulation existant. L'enjeu est de ne pas réduire cette ambition au seul respect des socles sociaux fondamentaux, mais bien de préserver, d'améliorer et d'étendre les régimes de protection sociale partout dans le monde.

Promotion et respect du droit social et du droit du travail

Invoquer le respect des normes fondamentales de l'OIT en toutes circonstances et par tous les acteurs est logique et pertinent pour les nombreux pays en développement où les normes sociales

---

9. François Hollande, discours du Bourget, 22 janvier 2012.

nationales sont faibles ou inexistantes. En revanche, pour les pays développés durement frappés par la crise, en appeler au respect du socle de droits fondamentaux de l'OIT est nettement insuffisant. On l'observe aujourd'hui au sein même de l'UE où certains pays comme la France, le Royaume-Uni, l'Irlande, la Grèce, la Roumanie, la Lettonie et la Hongrie sont appelés à sacrifier leurs régimes de protection sociale ou de solidarité intergénérationnelle, leurs libertés syndicales et tout ou partie de leur droit du travail sur l'autel de la lutte contre les déficits, avec pour les cinq derniers pays cités l'épée de Damoclès du remboursement des prêts consentis par le FMI.

Peut-on démocratiser le FMI ?

Le FMI n'a renouvelé sa doctrine sociale que dans des limites très réduites. Le rééquilibrage intervenu il y a deux ans et demi avec l'octroi de deux sièges supplémentaires aux pays émergents et le rééquilibrage entre les bailleurs de l'institution ne sont pas de nature à rassurer. Les programmes du Fonds conservent en effet pour objectif premier le rétablissement des finances publiques, quitte à sacrifier les bases de financement public des systèmes de protection sociale. Il faut refuser ce chemin dangereux qui vise à faire reposer le poids de dettes publiques considérablement aggravées par la crise sur les seules épaules des travailleurs et de leurs familles.

Confier à l'OIT un travail d'enquête, de veille et un droit de veto

Il faut au contraire inverser les priorités qui ont cours depuis le début de la déréglementation néolibérale des années 1980 : les normes protégeant les travailleurs ne peuvent plus être les variables d'ajustement du marché. C'est au contraire les règles encadrant ce dernier qui doivent être mises au service du progrès social. La conditionnalité sociale telle que je la conçois s'applique donc d'abord aux interventions du FMI et des autres institutions financières internationales en termes de respect des dispositifs et systèmes sociaux nationaux, des législations sociales existantes ou des normes internationales du travail lorsque les premières sont inexistantes. Dans ce cadre, il apparaît nécessaire de confier à l'OIT un travail d'enquête et de veille sur l'impact social de l'intervention envisagée par le FMI ou la Banque mondiale, avec pour objectif l'amélioration de la situation sociale et de la protection sociale.

Si un droit de veto doit exister, il doit revenir à l'OIT et s'appliquer aux politiques mises en œuvre par le FMI la Banque mondiale. Il est insupportable de constater le « deux poids deux mesures » qui règne actuellement : des règles obligatoires et des sanctions dans le domaine du commerce international, des règles contournables sans véritables sanctions dans le domaine social. Cette situation n'est pas acceptable.

Faire intervenir l'OIT avec de nouvelles armes

Renverser cette situation suppose que l'OIT prenne la main et puisse disposer de nouvelles armes pour gagner son combat pour « le progrès et la prospérité de tous ». On peut par exemple imaginer un classement des pays en fonction de leur degré de performance à l'égard des normes internationales du travail et du progrès social qui prendrait en compte tant le degré de ratification des normes qu'une évaluation qualitative de leur mise en œuvre réelle.

Il me semble également que l'on ne pourra pas faire l'économie d'un régime de sanctions des infractions aux normes internationales du travail. Ce chemin vers le progrès passe aussi par la mise à égalité entre le droit du travail et le droit commercial dans les rapports entre nations, par l'institution d'une taxe mondiale (avec des déclinaisons nationales) sur les mouvements de capitaux, par l'abandon des plans d'ajustement structurel, etc.

À cet égard, force est de constater que le principe de concurrence est devenu une finalité, un absolu dont le respect entraîne des sacrifices sociaux considérés comme inéluctables. Rien ne pourrait limiter le commerce dans sa fuite en avant. Et si nous prenions le contre-pied de cette thèse ?

Chapitre 11

La clause sociale dans les accords de libre-échange

De façon similaire aux dégâts sociaux occasionnés par les préconisations des institutions financières internationales, le commerce mondial se développe trop souvent en infraction aux droits des travailleurs. Il est aujourd'hui indispensable de concevoir des mécanismes du commerce qui participent au respect et à la promotion des droits humains, syndicaux et environnementaux, qu'il s'agisse des conventions de l'OIT ou des textes et autres engagements universels et fondamentaux de l'ONU. Cet objectif est une demande récurrente du mouvement syndical et de nombreuses ONG, comme le montrent par exemple les forums sociaux mondiaux nés au début des années 2000 de l'insatisfaction générée par des sommets de l'OMC où la priorité donnée aux affaires excluait l'exigence du respect des droits sociaux.

Aujourd'hui encore, le constat est flagrant : la libéralisation du commerce telle qu'elle est organisée actuellement dans les accords de libre-échange n'entraîne pas un cercle vertueux pour le respect des droits fondamentaux. Il faut donc s'interroger sur la façon de conditionner la conclusion des accords de libre-échange au respect des droits sociaux, voire – mieux encore – se saisir de ces accords comme de vecteurs participant à des objectifs concrets de progrès social.

Imposer la question sociale au commerce mondial

Pour imposer la question sociale, il faut préalablement révolutionner les conditions particulièrement opaques qui entourent les négociations des accords de libre-échange. La liste des acteurs habilités à avoir voix au chapitre est donc essentielle. Syndicalistes, citoyens, consommateurs et militants sont très largement tenus à l'écart du contenu des échanges qui précèdent la conclusion de ces accords. Même les parlementaires se plaignent du peu de transparence dont ils sont victimes.

Entendre les syndicats et les associations

Lors des sommets internationaux de l'OMC, les responsables syndicaux ne sont pas les bienvenus. On s'abstient même de les inviter. Ainsi, en 1999, lors des négociations de l'OMC à Seattle, il fallut enfoncer quelques portes ! Peut-on alors croire aux vertus de ce que d'aucuns présentent comme « le rôle du dialogue social dans la gouvernance mondiale » ? Pour moi, cela ressemble à un slogan hasardeux et plus qu'hypothétique. Certes, depuis la crise de 2008, l'OIT est invitée au G20, et la CSI a réussi à instaurer la tenue régulière d'une tribune sociale à chacune de ces réunions. Cependant, cela me semble clairement insuffisant.

Les organisations syndicales, tant sur le plan national qu'international, paraissent trop peu ou mal entendues. Leurs propositions pour défendre des alternatives face à la crise semblent largement ignorées. Qui plus est, lors des G20, l'OIT est, comme nous l'avons vu, cantonnée dans un rôle d'expertise sociale et ses préconisations ne sont bien souvent pas entendues. L'organisation ressemble ainsi à un vieux sage assis au bout de la table à qui l'on reconnaît une certaine crédibilité morale issue de son expérience mais dont il faut s'affranchir, sans le fâcher, parce qu'il ne comprend décidément pas le monde moderne...

L'expertise et les déclarations de l'OIT ne devraient pas être prises avec autant de légèreté. Notamment lorsqu'elle invite l'Europe à sortir du piège de l'austérité et à opter pour une politique de relance par la demande et de renforcement des protections sociales et des solidarités [1].

Je me suis livré à un exercice statistique sur les cinq dernières déclarations finales des chefs d'État et de gouvernement du G20 [2]. Pour une référence à l'OIT, on dénombre neuf références aux institutions financières internationales. C'est bien le signe que nous sommes encore loin d'une réelle prise en compte de la voix des organisations syndicales dans le concert des nations et des organisations multilatérales, même lorsqu'il s'agit de le faire *via* l'OIT, qui est pourtant la seule organisation internationale tripartite où sont représentés, à l'échelle mondiale, à la fois les travailleurs, le patronat et les États.

La clause sociale dans les accords de libre-échange est-elle un leurre ?

Dans un rapport publié en 2013 consacré à la clause sociale dans les accords de libre-échange, le BIT indique le point suivant :

> lorsqu'ils sont accompagnés d'une réelle volonté politique de leurs signataires, les ALE (accords de libre-échange) comportant des dispositions conditionnelles relatives au travail permettent souvent de faire progresser les droits, notamment en matière de liberté syndicale et de négociation collective [3].

De nombreux arguments militent en faveur d'une meilleure prise en compte de la dimension sociale dans les accords de

---

1. Dans son rapport sur l'emploi dans le monde publié en avril 2012, le BIT avait alors fait sensation en dénonçant le piège de l'austérité et le cercle infernal qu'elle enclenchait sur l'emploi en Europe.

2. Voir le chapitre 2, plus spécialement centré sur la critique du G20 et la gouvernance mondiale.

3. Bureau international du travail, « Social Dimensions of Free Trade Agreements », Genève, 2013.

libre-échange[4] et s'ajoutent à une raison politique fondamentale : le commerce reste un *stimulus* essentiel. Conditionner son développement au respect des normes sociales et du travail a donc toutes les chances de favoriser un meilleur respect de l'ensemble des droits. À condition que le bénéfice d'un renforcement des échanges soit accompagné par la mise en place d'un régime de sanctions frappant les violations des clauses sociales des accords de libre-échange.

Modifier le cadre institutionnel qui régit le commerce mondial ne relève pas uniquement d'une question de morale concernant le comportement des acteurs. Cela soulève une interrogation plus large, et peut-être plus universelle, sur les finalités des échanges humains : assurer un développement durable pour les peuples et la planète sur laquelle ils vivent ou garantir une rente et des privilèges à des castes au prix d'un accroissement de la précarité, voire du dénuement, pour le plus grand nombre ?

Les limites actuelles du volet social dans les ALE

Quelques exemples permettent de mieux éclairer et comprendre les limites actuelles du volet social des accords de libre-échange.

Quelques exemples : Pérou, Colombie, Géorgie, Belarus, Ukraine

Intéressons-nous d'abord à l'accord de libre-échange entre l'Union européenne, le Pérou et la Colombie. Cet accord a été discuté et en partie « durci » par le Parlement européen avant d'être adopté en décembre 2012. Il comporte, comme beaucoup d'autres accords de la même période, des dispositions relatives aux questions sociales, au travail, aux droits et libertés syndicales. Dispositions d'autant plus nécessaires qu'il s'agit d'une région du monde où, chaque année, des dizaines de syndicalistes sont assas-

4. Le fait, par exemple, qu'elle permet également un meilleur respect des lois sociales en vigueur dans les pays qui les concluent.

sinés du fait de leur engagement. Or, depuis la signature de l'accord, et en dépit d'une légère décrue, on a enregistré plus d'une centaine de meurtres de militants en trois ans[5]. Malgré ces dispositions sociales incluses dans l'ALE, aucune mesure n'a été entreprise par la partie européenne pour conditionner réellement le développement de la relation commerciale au respect effectif des droits syndicaux.

Partons maintenant vers la frontière orientale de l'Union européenne et étudions un instant l'accord dit de « partenariat oriental » qui se déploie par étapes avec nos voisins de cette aire géographique depuis mai 2009. Sur le papier, cet accord fixe des objectifs ambitieux en matière de droits et de démocratie dans les six pays qui constituent la frontière orientale de l'Union européenne (Belarus, Ukraine, Moldavie, Géorgie, Arménie, Azerbaïdjan). Toutefois, s'il étend la capacité de libre-échange des entreprises, il n'étend pas vraiment le fait démocratique, bien au contraire. Et c'est là que le bât blesse. Comment ne pas lire le chapitre « Droits fondamentaux et démocratie » de cet accord comme un affichage pour la galerie alors que l'Union européenne n'a jamais élevé la voix contre le régime liberticide et antisyndical de Mikhaïl Saakashvili en Géorgie et qu'elle se rabiboche aujourd'hui avec le régime quasi dictatorial d'Alexandre Loukachenko au Belarus. L'UE avait pourtant suspendu un temps le système de préférences généralisées (SPG)[6] envers ce pays, au motif de l'absence de libertés démocratiques. Depuis, Loukachenko s'est rapproché de l'Union européenne, à la faveur de sa realpolitik déployée face à la guerre en Ukraine. Notons d'ailleurs que le Partenariat

5. Le journal *Le Monde* rappelait ainsi dans un article du 22 mai 2015 que depuis trente ans, 3 000 syndicalistes ont été tués en Colombie et près de 6 000 autres ont disparu sans laisser de traces sur la même période.

6. Le SPG est un dispositif d'accord préférentiel d'abaissement des droits de douane octroyé par l'UE à ses partenaires commerciaux privilégiés. Il est bien évidemment conclu sur la base de la réciprocité.

oriental a participé à la déstabilisation et à l'embrasement de l'Ukraine[7].

États-Unis : les risques du TAFTA

Enfin, attardons-nous sur le fameux TAFTA[8], l'accord transatlantique en cours de négociation entre les États-Unis et l'Union européenne. Comme j'ai eu l'occasion de le dire récemment lors d'une audition au Conseil économique et social européen (Cese) le 9 février 2016, il y a de quoi s'interroger sur la manière dont cet accord intégrera la question des droits et des libertés syndicales. Rappelons que les États-Unis font partie de ces pays qui refusent toute ratification des conventions n° 87 et n° 98 sur les libertés syndicales et la négociation collective, alors qu'elles sont ratifiées par l'ensemble des pays composant l'UE. Ce différentiel est lourd de menaces pour les droits sociaux en Europe[9].

Pour comprendre le périmètre et les enjeux découlant d'un possible accord entre l'Union européenne et les États-Unis, reprenons les termes du mandat de négociation de la Commission européenne :

> L'accord de partenariat transatlantique prévoira la libéralisation réciproque du commerce des biens et services ainsi que des règles sur les questions en rapport avec le commerce [en allant] au-delà des engagements actuels de l'OMC[10].

---

7. Les manifestations qui ont suivi le refus par le président Ianoukovitch de signer cet accord ont précipité sa chute et aiguisé les appétits géopolitiques de l'UE, de la Fédération de Russie et des États-Unis pour le contrôle de cette région du monde. Après deux ans de guerre, le bilan est déjà de près de 10 000 morts aux portes de l'Europe.

8. En français PTCI : Partenariat transatlantique de commerce et d'investissement.

9. Voir également le tableau comparatif des ratifications au sein du G20 figurant dans le chapitre 1, p. 23.

10. Mandat des négociateurs européens du TAFTA, disponible sur le site internet de la Commission européenne : http ://ec.europa.eu/index_fr.htm.

Le champ est donc colossal : il couvre non seulement l'ensemble des relations commerciales mais aussi les règles qui les encadrent, c'est-à-dire les lois, les normes et les politiques publiques adoptées ou conduites par l'Union européenne et/ou ses États membres. Cela fait craindre à de nombreux acteurs, syndicalistes comme associatifs, que l'accord transatlantique prenne la forme d'une vaste offensive de dérégulation affectant notre modèle de société. Car c'est bien ce modèle de société qui se retrouve sur la tabl, ainsi qu'en témoignent les sujets les plus communément cités comme devant faire l'objet de négociations :

- l'agriculture : les mesures de restrictions européennes actuelles sur les cultures OGM pourraient être assouplies, avec un risque d'érosion des autres normes de sécurité alimentaire ; la PAC pourrait être remise en cause ;
- l'énergie : l'interdiction des gaz de schiste pourrait être levée ;
- la culture : l'exception culturelle serait menacée ;
- les services publics : avec une menace nette sur le maintien d'un caractère public de ces services et des *majors* américaines des services privés aux collectivités prêtes à l'assaut ;
- l'industrie : la directive REACH[11] serait directement visée pour ce qui est des produits chimiques, à quoi s'ajoute la disparition des barrières douanières et tarifaires.

On le comprend aisément, cette perspective de dérégulation généralisée aiguise les appétits des patrons, industriels et financiers aussi bien nord-américains qu'européens.

Pour parvenir à cet idéal ultralibéral, c'est-à-dire une relation d'échange et plus globalement un monde débarrassé de toute régulation, les négociateurs européens et américains semblent s'entendre sur la mise en place d'un mécanisme de règlement

11. *Registration, Evaluation, Authorization and Restriction of Chemicals,* directive européenne sur l'enregistrement, l'évaluation, l'autorisation et les restrictions des substances chimiques adoptée par le Parlement européen en décembre 2006 et fortement soutenue par la CES.

des différends entre investisseurs privés et États, prévu à l'article 23 du texte actuel du projet de traité transatlantique.

Le règlement des différends entre investisseurs et États (RDIE)

En langage technocratique, le mécanisme de règlement des différends entre investisseurs et État (en anglais *Investor-State Dispute Settlement*, ISDS) est un cadre juridique spécifique qui permet aux entreprises multinationales d'attaquer, *via* des traités sur le commerce et l'investissement, un pays qui aurait pris ou qui souhaiterait prendre des mesures sociales ou environnementales pour protéger sa population et qui seraient considérées contraires aux intérêts de ces entreprises. Cette procédure de règlement des différends entre investisseurs et États a été créée en 1994 et mise en œuvre dans le cadre de l'Organisation mondiale du commerce.

>En clair, ce mécanisme est un cheval de Troie destiné à mettre au pas les gouvernements. Il vise à contraindre leurs politiques publiques en réduisant ou détruisant leurs effets régulateurs sur la relation commerciale. Ce dispositif permet en effet à une entreprise de porter plainte contre un État ou une collectivité territoriale dès lors qu'une loi ou qu'une réglementation jugée trop contraignante entrave ses investissements et ses prévisions de bénéfices futurs. Avec lui, on ouvre une boîte de Pandore permettant aux intérêts privés de contester toute politique d'intérêt public fusse-t-elle supportée par la majorité des citoyens à l'issue d'élections libres et démocratiques.

Le nombre de cas d'arbitrage répertoriés découlant d'accords de libre-échange déjà contractés sous l'égide de l'OMC est monté en flèche, passant de 38 en 1996 à 518 en 2012, avec un coût moyen de 5,8 millions d'euros par litige sapant, dans de nombreux cas, des politiques publiques et annihilant les capacités politiques des gouvernements. Ces poursuites juridiques proviennent pour les deux tiers de firmes multinationales mais aussi de fonds spéculatifs, dans le cas des pays les plus touchés par la crise économique européenne. Ces fonds vautours, à la recherche de retours sur investissements rapides et élevés, réclament ainsi déjà, avant même la mise en œuvre du TAFTA, « plus de 1,7 milliard d'euros de compensation à la Grèce, l'Espagne et Chypre [12] » en utilisant les procédures d'arbitrage privé dans le cadre d'accords commerciaux sur les investissements actuellement en vigueur.

Bien évidemment, le patronat européen est très favorable à l'inclusion dans le futur traité d'un mécanisme de règlement des différends et la Commission européenne est très sensible à ses arguments. Rien d'étonnant à cela, puisque, comme je viens de le montrer, son éventuelle mise en œuvre relèverait de la complète sujétion de la volonté et de l'initiative politiques aux intérêts des grands groupes.

Peut-on rendre le commerce mondial vertueux ?

Dans un tel contexte, il semble illusoire de transformer les accords de libre-échange en vecteurs de progrès social pour les populations des pays contractants. Pourtant, quelques mesures pourraient améliorer la situation :

- les ALE devraient au minimum engager les parties à adopter et incorporer les huit conventions fondamentales de l'OIT [13] de même que les conventions n° 81 sur l'inspection du travail, n° 122 sur les politiques de l'emploi et n° 144 sur les consultations tripartites. Ils devraient aussi comporter des engagements pour des améliorations en matière de conditions de travail, de temps de travail, de négociation collective, de protection sociale, etc. ;
- les ALE ne devraient comporter aucune dérogation possible aux clauses sociales, qu'elles soient partielles, sectorielles ou temporaires ;
- il est indispensable de faire en sorte que les entreprises, notamment les firmes multinationales, ne restent pas dans l'angle mort des obligations sociales en continuant à se réfugier derrière la

12. In Thierry Brun, « TTIP : les dégâts de l'arbitrage privé contre les États », *Politis*, 13 mars 2014.

13. Voir la liste de ces conventions en annexe 2, p. 201.

responsabilité des États pour ne pas engager la leur ; la conditionnalité sociale doit également engager pleinement leur responsabilité. Il faut souligner à ce propos que rien n'interdit aux entreprises menant des activités à l'étranger directement ou *via* des sous-traitants d'intégrer le respect de normes de l'OIT dans leurs critères de production, même si le ou les pays concernés n'ont pas ratifié les normes en question ;

• tout dispositif de règlement privé des différends comme le RDIE est à proscrire. Permettre aux investisseurs d'engager une action contre un État revient à instituer une supériorité de l'intérêt privé sur l'intérêt collectif et public. En revanche, l'inverse devrait être possible et même obligatoire : un État ou un syndicat devrait pouvoir porter plainte contre un investisseur ou contre un autre État en cas d'atteinte aux droits sociaux ou aux droits fondamentaux dans le cadre de la mise en œuvre d'un ALE ;

• dans ce cadre, l'OIT devrait pouvoir recevoir et instruire les plaintes des organisations syndicales qui estimeraient que la clause sociale présente dans un accord se trouve violée par un investisseur ou une entreprise ;

• le non-respect des clauses sociales dans les processus de production ou les accords commerciaux devrait entraîner un régime de sanctions au titre de la violation du droit. Cela pourrait conduire par exemple à une suspension des avantages commerciaux, comme ce fut le cas il y a quelques années pour le Belarus avec le SPG et comme cela devrait être le cas pour Israël si l'Union européenne va jusqu'au bout de sa démarche à l'encontre des productions émanant des colonies illégalement implantées en Cisjordanie ;

• enfin, le rôle des organisations syndicales doit être substantiellement renforcé, tant dans la phase de conception de l'accord que dans le contrôle de sa mise en œuvre.

Il est frappant de constater que la question du respect des normes sociales dans les accords pose aussitôt celle de la souveraineté politique, c'est-à-dire la possibilité pour des assemblées élues démocratiquement de faire valoir la supériorité de leur point de vue sur celui des intérêts privés. Il s'agit bien de soumettre ces derniers à un intérêt supérieur, celui des citoyens. Est-ce un hasard si les mêmes questions se posent en matière de respect des normes environnementales ?

Chapitre 12

Environnement, climat et droit international du travail

La crise révèle les failles d'un modèle injuste du point de vue social, inefficace du point de vue économique et insoutenable du point de vue environnemental. Pourtant, le choc qu'elle a produit et qui perdure depuis l'automne 2008 a fait passer au second plan les questions environnementales. Et ses effets dévastateurs rendent plus urgente encore la nécessité de mettre fin au pillage des ressources et d'apporter des solutions au réchauffement climatique.

Pour un bien-être social et environnemental

Depuis une dizaine d'années, une grande partie du mouvement syndical ainsi que de nombreuses ONG dans le monde proposent de mettre en place une stratégie liant les enjeux environnementaux et sociaux pour parvenir au bien-être social et environnemental. Cela implique d'avancer vers plus d'égalité, plus de solidarité, plus de démocratie, et une autre répartition des richesses, dans le respect des équilibres climatiques et environnementaux. Pour opérer la jonction entre les enjeux sociaux et environnementaux et cesser de les opposer, donc de les affaiblir face au capitalisme, nous devons rompre avec les logiques d'exploitation de l'homme et de la nature et effectuer de profondes transformations économiques, sociales, environnementales et culturelles de notre modèle de société. Nous devons imaginer de nouvelles politiques de développement économes en ressources naturelles, capables de faire croître la qualité du travail et le bien-être humain en organisant les solidarités. Nous devons, enfin, réinterroger les finalités de l'activité économique, reconsidérer notre rapport à la production, à la croissance, à la consommation. Cela suppose de considérables bouleversements et le temps presse. D'autant que tout le monde n'est pas logé à la même enseigne dans ses capacités à affronter le défi.

Les enjeux environnementaux et climatiques sont lourds de menaces, tant sur la qualité que sur le nombre d'emplois directement concernés. Il y a donc nécessité d'anticiper ces évolutions, mais aussi de fixer des règles afin de préserver les travailleurs des conséquences négatives qu'entraîneraient des coûts et des ajustements qui pourraient se révéler indispensables. C'est aussi une bonne occasion de réinterroger la place du travail dans notre modèle de développement et d'évaluer l'impact des conditions de travail sur la santé des travailleurs.

Environnement et « gouvernance mondiale »

L'urgence et la conjugaison des crises sociales et environnementales supposent de fixer un objectif ambitieux de bien-être social et environnemental et de mobiliser l'ensemble des acteurs – organismes multilatéraux, États, entreprises, syndicats, associations – pour l'atteindre. Une telle ambition ne se réalise pas « d'en haut », elle nécessite pour se concrétiser de s'appuyer sur plusieurs leviers :

- les ressources nationales de chacun des États : systèmes législatifs et normatifs, fiscalité, programmes d'information des populations, mobilisation de l'épargne nationale, etc. ;
- les pratiques des entreprises et les relations commerciales : normes et clauses sociales et environnementales, assurance et crédit à l'export, etc. ;
- les ressources internationales : accords internationaux, normes internationales sociales et environnementales, codes des investissements, évaluation sociale et environnementale des investissements, des transferts de technologie, etc. ;

• l'aide publique au développement : clauses dans les marchés publics, politiques d'appui institutionnel, etc.

Plus globalement, on peut considérer que la prise en compte de ces questions renvoie à la question plus fondamentale des moyens que se donne la communauté internationale pour atteindre ses objectifs de bien-être social et environnemental. Cela suppose l'édiction de règles et de normes qui aient un caractère contraignant, ainsi que la vérification de leur application. Par ailleurs, cette perspective nécessite son appropriation par les processus d'intégration régionaux tels que l'Union européenne ou l'Union africaine. Enfin, la construction de cet objectif social et environnemental oblige à définir les rôles respectifs des différents acteurs publics (ONU, Pnue [1], OIT, ECOSOC [2], FMI, Banque mondiale, OCDE, OMC, etc.) ou privés (multinationales, syndicats, organisations non gouvernementales, etc.) en prenant soin d'affirmer que c'est au « parlement des nations », à savoir l'ONU et ses différents organismes dont l'OIT, qu'il revient de définir les finalités politiques des projets que se donne la communauté mondiale.

Pour un droit international public de l'environnement

Les cycles internationaux de négociations sur l'environnement (conférence de Rio) ou le climat (les COP [3]) nous ont habitués à une litanie de déclarations d'intentions non suivies d'effets. Cet écart entre la volonté politique affichée et les actes laisse le champ libre à des producteurs de normes privées dont la transparence est loin d'être la caractéristique première, échappant aux contrôles indépendants et aux voies de recours.

Un exemple parmi d'autres de ce poids des lobbies pesant sur les enjeux environnementaux et climatiques : lors de la COP 21 à Paris, les participants à ce sommet mondial négocient laborieuse-

---

1. Programme des Nations unies pour l'environnement.
2. *Economic and Social Council*, Conseil économique et social des Nations unies.
3. Conférence des parties.

ment les modalités et les engagements concrets à atteindre pour éviter que l'humanité ne soit sans cesse plus menacée par le réchauffement climatique. Presque toutes les activités sont passées en revue mais, au final, certaines parviennent à échapper aux objectifs de réduction de leur taux d'émission de CO_2. Dans le transport, domaine qui m'est cher, les secteurs aérien et maritime passent ainsi au travers des mailles du filet et seront absents des activités appelées à reconsidérer leur mode de production. Comment comprendre que l'approche politique ait pu ignorer une activité qui génère 5,2 % des émissions de gaz à effet de serre (GES) en France et 6,6 % au niveau de l'Union européenne, chiffre qui devrait être multiplié par trois d'ici 2050[4], si ce n'est par le travail sans doute efficace des lobbyistes du secteur ? Le volontariat et les déclarations unilatérales ne suffisent plus !

L'enjeu du débat international sur les équilibres environnementaux est donc de progresser dans l'élaboration de règles environnementales universelles contraignantes considérant leurs implications sociales et de repenser l'articulation entre une indispensable régulation publique (cadre institutionnel, législations nationales, normes internationales, politiques incitatives, etc.) et une consultation des acteurs sociaux au plan mondial. Dans ce cadre, la négociation et la conclusion des accords internationaux sur l'environnement et le climat doivent garantir une place aux syndicats, aux associations, et plus globalement aux citoyens dans l'élaboration de leurs contenus et dans le contrôle de leur application.

Comment obtenir de réelles régulations au plan environnemental ?

On a souvent coutume, quand il s'agit des clauses environnementales, d'omettre les questions sociales, et parfois même de les opposer, comme s'il fallait choisir entre le sort de la planète et celui de ses habitants. Quelques pistes pourraient néanmoins être

4. Réseau Action climat, « Comprendre la COP21 », www.macop21.fr..

empruntées pour obtenir une défense simultanée des équilibres sociaux et environnementaux.

Affirmer la dimension sociale dans le nécessaire processus de transition vers une économie à faible émission de carbone

Définir le contenu d'une transition juste qui permette de réduire les inégalités et d'assurer une mutation des industries et des services afin qu'ils émettent moins de carbone. Cela ne va pas de soi. La préparation de cette conversion se doit notamment de prendre en compte les effets quantitatifs et qualitatifs sur l'emploi des transformations à opérer et de les anticiper par la mise en place de plans de formation pour les travailleurs concernés en les faisant bénéficier ainsi d'une sécurité sociale professionnelle garantissant dans cette transition les salaires et l'emploi.

Obtenir l'engagement des États et des entreprises sur les questions environnementales et climatiques

Afin d'aller au-delà des objectifs fixés par la COP 21, les États et les entreprises doivent adopter des logiques visant à économiser les ressources fossiles, à préserver le vivant, à limiter les rejets polluants, à développer les énergies renouvelables, etc.

Sortir de l'ère des déclarations sans lendemain

Il faut se donner les moyens de la mise en application des décisions prises en matière d'environnement et de changement climatique afin qu'elles ne restent pas de creux engagements et qu'elles intègrent une dimension sociale. Pour y parvenir, l'enjeu est de réussir à coordonner les mesures prises et les politiques développées, de contrôler, voire de sanctionner les États, entreprises ou organismes internationaux qui y contreviennent. Sur les interactions nombreuses que comportent ces mesures avec le champ du travail, l'OIT a là encore un rôle central à jouer.

Mobiliser l'ensemble des acteurs

La préservation de la nature et le respect de l'homme sont l'affaire de tous. Il faut donc chercher à mobiliser l'ensemble des acteurs – États, organismes multilatéraux, entreprises, syndicats, associations, consommateurs et citoyens – dans le respect conjoint des équilibres sociaux et environnementaux. Une telle mobilisation doit pouvoir s'appuyer sur des institutions telles que l'OIT, qui a une expertise à apporter dans l'évaluation des effets de la transition écologique en matière d'emploi, de transformation des économies et de lutte contre le dumping social et environnemental.

Développer les clauses sociales et environnementales

En écho au chapitre précédent, on peut envisager de développer les clauses environnementales et sociales dans les relations commerciales, les marchés publics et l'aide publique au développement. La planète et l'humanité ont tout intérêt à la mise en place d'un système visant à vérifier que le commerce et les marchés publics respectent un certain nombre de critères en matière d'environnement et de droits sociaux, de travail décent, de protection sociale, etc.

Révolutionner les pratiques et objectifs de l'activité économique

Certains changements à envisager relèvent plus de véritables révolutions dans les pratiques et dans les objectifs de l'activité économique depuis les *process* de production jusqu'aux comportements de consommation. Il faudra sans doute envisager le développement d'un appui institutionnel aux États dans la définition de politiques publiques environnementalement responsables (législation sociale et environnementale, fiscalité, codes d'investissement, codes des marchés publics, politiques incitatives, etc.) qui doivent constituer l'un des objectifs de l'aide publique au développement.

Adopter de nouveaux indicateurs

Les outils habituels d'évaluation ne nous permettent plus d'appréhender le monde pour servir une démarche de progrès. Au lieu du seul PIB, inventé dans les années 1930, nous avons besoin de nouveaux indicateurs et de nouvelles mesures soutenant la promotion d'un nouveau paradigme pour le développement conjuguant critères économiques, sociaux et environnementaux au service d'un réel progrès social et environnemental.

Développer l'économie sociale et solidaire

Dans le même ordre d'idées, le développement de l'économie sociale et solidaire peut tracer, dans certains cas, le chemin de nouveaux rapports entre l'entreprise, ses finalités, l'homme et l'environnement.

Élargir les droits des salariés et des populations

En termes de droits nouveaux, j'estime urgent et nécessaire d'élargir les droits des salariés et des populations en leur permettant d'intervenir efficacement sur les enjeux environnementaux et de garantir un véritable droit universel à l'information environnementale et à l'accès à la justice pour tous.

Reconnaître la part de responsabilité des pays industrialisés vis-à-vis des pays en développement

Enfin, je crois indispensable que les pays industrialisés reconnaissent leur responsabilité, y compris financière, dans la mise en œuvre des mesures d'atténuation et d'adaptation au changement climatique pour les pays du Sud. Il y a une part d'indécence à vouloir fixer des règles uniformes pour tous aujourd'hui alors que le Nord industrialisé s'est servi sur la bête pendant des décennies [5]. Nous avons en effet tiré profit depuis près de deux siècles d'une filière de développement fortement émettrice de carbone sans en avoir assumé ses véritables coûts environnementaux.

Cette reconnaissance doit également passer par une mutualisation et un partage des savoirs au plan mondial pour accroître les capacités de tous les pays dans la lutte contre le réchauffement

5. Voir notamment Christophe Bonneuil, Jean-Baptiste Fressoz, *L'Événement anthropocène. La Terre, l'histoire et nous*, Paris, Le Seuil, 2013.

climatique. On ne peut ignorer les implications sociales de ces nouvelles exigences pour le développement des pays du Sud. C'est une question de justice élémentaire au regard de l'histoire des atteintes à l'environnement. À cet égard, la concrétisation des engagements des États du Nord à alimenter un fonds annuel de 100 milliards de dollars destiné à financer les investissements nécessaires à la transition écologique des pays du Sud sera un test de la volonté de passer des paroles aux actes.

Les inégalités sociales et environnementales et les menaces qui pèsent sur la planète ne trouveront pas d'issue par le simple jeu du marché. J'ai décrit ci-dessus comment l'intervention conjointe des syndicats, associations de citoyens et institutions publiques peut produire des règles contraignantes qui rendent palpable l'objectif d'un bien-être social et environnemental. Un acteur doit être surveillé de près face à ce défi : l'entreprise.

Focus : lorsque des multinationales saccagent la planète

• **Multinationales** : Union Carbide, Areva, Bolloré, Michelin, Schneider et tant d'autres...

• **Autres acteurs impliqués** : État français, États d'accueil

• **Secteur** : extraction, agroalimentaire, chimie, métallurgie

• **Pays** : principalement Afrique subsaharienne, Asie, Amérique du Sud, mais le reste du monde est également touché

• **Période** : depuis trente ans

• **Victimes** : riverains et travailleurs

• **Nature de l'infraction** : violation du volet environnement des principes directeurs de l'OCDE, des engagements internationaux en matière de climat et d'environnement (pourtant notoirement insuffisants)

• **Lanceurs d'alerte** : un très grand nombre de syndicats et d'ONG

• **Résumé des affaires** : les exemples en ce domaine sont tellement nombreux qu'il est difficile d'en retenir quelques-uns. Si l'on fait remonter l'origine des multinationales à la mise en place du

« commerce triangulaire » Europe-Afrique-Amériques au XVe siècle[6], on peut considérer que leur empreinte sur la nature et sur les hommes est déjà très ancienne. Mais il faut attendre la catastrophe de Bhopal en décembre 1984 et ses 20 000 morts, pour interroger bien timidement une multinationale américaine, Union Carbide, dans sa responsabilité dans un double drame social et environnemental. Depuis, les atteintes conjointes au droit du travail et à l'environnement se multiplient. L'Afrique notamment continue à souffrir des logiques prédatrices des grands groupes dans le domaine des industries d'extraction (exploitation de l'uranium au Niger et au Gabon par Areva) et de l'agroalimentaire (exploitation de l'huile de palme au Cameroun et en Côte d'Ivoire par le groupe Bolloré[7]). Mais l'Asie n'est malheureusement pas épargnée : la CGT, avec le CCFD-Terre Solidaire et Sherpa, est intervenue en 2010 pour pointer les atteintes à l'environnement et à la vie des riverains d'une usine de Michelin dans le Sud de l'Inde. Elle conduit actuellement une lutte dans le groupe Schneider pour s'opposer à la délocalisation en Malaisie d'une usine polluante de traitement des batteries en pointant qu'il s'agit d'une manœuvre visant à contourner les règles de l'UE en matière d'environnement.

---

6. Avec le commerce d'esclaves, déportés d'Afrique vers les Amériques et le retour des navires remplis de matières premières vers l'Europe.

7. Voir à ce sujet les campagnes déployées par les associations Sherpa et Greenpeace contre ces deux entreprises : www.asso-sherpa.org et « Revelations on Bolloré Group's Investment in Plantations in Africa: Africa's Forests under Threat », www.greenpeace.org, 23 février 2016.

Quatrième partie

L'entreprise, zone hors-la-loi internationale du travail ?

L'entreprise est le lieu où se confrontent les intérêts respectifs des travailleurs et des employeurs. C'est peu de dire qu'en matière de conception et d'application des normes internationales, les divergences sont aigües, dans un contexte où les modèles d'entreprise évoluent et où l'influence grandissante des multinationales leur permet de se jouer des règles établies par les États. Changer cette situation demande de fixer de nouvelles exigences à la responsabilité sociale des entreprises de façon à ce que ces dernières inscrivent le respect des normes internationales du travail dans leurs pratiques.

CHAPITRE 13

Les employeurs et les normes internationales du travail

Comme tout bon président du Medef qui se respecte, Pierre Gattaz fait du droit du travail une de ses cibles privilégiées. À la fin du mois d'octobre 2014, il enjoignait ainsi le gouvernement français à dénoncer la convention n° 158 de l'OIT, norme qui fait notamment obligation aux employeurs de justifier les raisons d'un licenciement. Cette saillie du patron du Medef contre une convention de l'OIT révèle, s'il en était besoin, toute l'aversion d'une grande partie du monde patronal envers des normes perçues comme autant d'obstacles au déploiement de la concurrence sans retenue. Elle est totalement en phase avec l'offensive que le patronat mondial, réuni sous l'égide de l'Organisation internationale des employeurs (OIE)[1], a lancé il y quelques années contre l'OIT.

Une vision rétrograde des normes

Entre refus catégorique de toute régulation et volonté de privatiser les normes en participant à leur élaboration ou en les imposant directement, le patronat mondial avance divisé sur la stratégie

1. L'OIE se revendique comme « le plus vaste réseau mondial du secteur privé », composé de 150 fédérations d'employeurs dans 140 pays (www.ioe-emp.org).

à adopter vis-à-vis du droit international du travail. Il n'en est cependant pas moins dangereux et pernicieux dans chacune des options qu'il poursuit et met en œuvre en fonction des circonstances et des rapports de force.

Les options patronales

Les contours du monde du travail dessinés par ces ambitions patronales légèrement divergentes mais potentiellement complémentaires sont redoutables.

- La première option poursuivie relève véritablement de la loi de la jungle : une dérégulation totale qui laisserait la « main invisible » du marché libre de tous ses mouvements. On imagine facilement les effets d'un tel projet sur la mise en concurrence des salariés entre eux, la course au moins-disant social et salarial, la destruction des droits et libertés qui en découle.
- La deuxième option est plus subtile : elle vise à faire glisser progressivement la vocation de l'OIT pour la transformer en institution au service de l'entreprise. Il s'agit là d'imaginer des normes qui servent avant tout au développement des profits en les ajustant au plus près des intérêts des actionnaires. L'argument est maintes fois entendu : ce qui est bon pour les propriétaires de l'entreprise le serait également pour ses salariés. On entend ainsi depuis plusieurs années les représentants des employeurs demander devant l'OIT un traitement égal des entreprises par rapport aux droits des travailleurs, dénoncés comme exorbitants, comme si la relation de travail n'était pas par nature déséquilibrée, comme si les entreprises devaient gagner des droits pour compenser ceux qui sont reconnus aux travailleurs.
- La troisième option consiste à mettre en avant le critère de la « souveraineté nationale » des États pour justifier l'inertie ou les inégalités de traitement dont les travailleurs font les frais. C'est là un argument spectaculaire au sein d'une assemblée qui a justement pour vocation de traiter du droit dans une dimension supranationale ! C'est pourtant cet argument que m'a délivré Jørgen Rønnest, porte-parole du groupe des employeurs à l'OIT, lors

d'un débat à l'université Paris-Dauphine en novembre 2015 au cours duquel je faisais le descriptif de la réalité sociale du monde[2].

L'universalité des normes

Nous l'avons vu à maintes reprises, mais il est bon de le rappeler : l'OIT a été créée pour promouvoir la justice sociale par le développement d'un ensemble de droits pour les travailleurs en partant du constat que ces droits ne découlent pas automatiquement de la relation de travail caractérisée, entre autres, par l'existence d'une subordination du salarié vis-à-vis de l'employeur. Sa mission d'établissement de normes du travail se déroule à la fois dans un cadre tripartite et international[3], ce qui correspond aussi à un double objectif poursuivi par les fondateurs de l'OIT :

- faire en sorte que le droit international du travail repose sur un engagement déterminé de l'ensemble des acteurs concernés par son application ;
- lui garantir un caractère universel. Cette recherche d'universalité est indissociable de l'OIT, elle appartient au génome de l'organisation, elle est la motivation essentielle de ses bâtisseurs originels.

Or, précisément, l'universalité des normes est l'une des questions les plus contestées par les représentants patronaux au sein de l'OIT. Ces derniers, acteurs incontournables de l'élaboration du droit international, ne semblent pas disposés à être un moteur pour promouvoir la justice sociale. C'est le moins que l'on puisse dire. Une partie d'entre eux considèrent sans doute aujourd'hui que les tensions générées par la logique « des deux blocs » (celui de l'Est, dominé par l'Union soviétique, et celui de l'Ouest, dominé par les États-Unis), qui a façonné le monde pendant des

---

2. « Chaînes d'approvisionnement mondiales et travail décent : quels outils pour évaluer les conditions de travail ? », conférence organisée le 19 novembre 2015 par le BIT et l'université Paris-Dauphine sur le thème central de la CIT de 2016.

3. Voir à ce sujet le chapitre 3.

décennies, et les risques de guerre, se sont dilués dans une mondialisation où le capitalisme apparaît triomphant et sans rival. Sans doute ne veulent-ils pas voir que si l'affrontement Est/Ouest est révolu dans sa version économique et politique, il n'en demeure pas moins que les zones de pauvreté, où qu'elles se situent, continuent de représenter de graves menaces pour la prospérité et la paix. Peut-on imaginer que les plus cyniques considéreraient qu'après tout, les conflits et les guerres ont toujours été et seront encore une source de profit ? Voilà une raison supplémentaire pour ne pas laisser les affaires du monde aux seules mains du monde des affaires !

Pour mieux mesurer la nature des positions des employeurs à l'égard des normes internationales, le plus simple est de consulter ce qu'écrivent les intéressés à ce propos. L'analyse de ces textes est en effet riche d'enseignements.

L'OIE et les normes internationales du travail (NIT)

Les statuts de l'OIE précisent ses objectifs. Le premier d'entre eux indique qu'elle a pour mission de « Promouvoir un environnement économique et les politiques sociales et de l'emploi nécessaires au développement et à la survie de la libre entreprise et de l'économie de marché[4] ». N'est-on pas là très loin des finalités de l'OIT ?

Dans une fiche d'information à destination de ses membres[5], l'Organisation internationale des employeurs précise sa pensée que je me propose de commenter :

- « Les normes internationales du travail ne sont pas la réponse à tous les problèmes qui se posent sur le lieu de travail et ne devraient être utilisées que pour traiter des questions fondamentales du travail où elles peuvent avoir un impact important ».

4. « Statuts de l'OIE », article 2, www.ioe-emp.org, 4 juin 2013.
5. OIE, « Fiche d'information pour les entreprises : normes internationales du travail », www.ioe-emp.org.

Dès l'entame, les employeurs souhaitent réduire au maximum le champ à couvrir par les normes qui ne peuvent traiter de « tous les problèmes », devraient se concentrer sur « les questions fondamentales », sans préciser toutefois ce que l'organisation intègre dans cette qualification. Mais on peut aisément en déduire qu'à ses yeux, les normes actuelles s'égarent sur des sujets subalternes, ce qu'il conviendrait de démontrer.

• « Les NIT ne devraient être adoptées que là où des principes immuables sont impliqués et où il y a un large consensus des mandants de l'OIT sur la nécessité d'une réglementation internationale. »

L'OIE ne veut couvrir que des « principes immuables », autrement dit invariables, constants, ce qui est bien sûr en totale contradiction avec une économie changeant en permanence, et l'objectif de progrès social qui implique des avancées sur le terrain du droit des travailleurs au fil des générations. Par ailleurs il faut rappeler que la CIT est seule habilitée à valider une nouvelle convention. Cette conférence réunit deux délégués gouvernementaux, un délégué travailleur et un délégué employeur pour chaque pays. Pour être adoptée, toute convention doit recueillir deux tiers des voix de tous ces délégués. Le « large consensus » voulu par l'OIE veut-il dire « unanimité » ? Passe-t-il par un droit de veto pour tout délégué ?

• Selon l'OIE, les normes internationales du travail ne présentent des avantages économiques et sociaux que lorsqu'« elles se concentrent sur des normes minimales pertinentes au niveau mondial et ne visent pas une harmonisation à un niveau idéal ».

Cette phrase parle d'elle-même. Il faut viser des « normes minimales » et ne pas prétendre au « niveau idéal ». C'est une vision singulière du progrès.

• Elles fournissent une orientation réaliste et réalisable pour les pays qui manquent d'expérience dans le domaine des normes du travail.

L'orientation réaliste renforce le concept précédent : est-il bien raisonnable de vouloir la liberté syndicale dans les dictatures ? Cependant, on ne s'interdit pas de faire du commerce avec elles !

• Les normes, poursuit l'OIE, doivent être « suffisamment souples pour s'adapter aux différents niveaux de développement et à l'évolution des besoins ».

Il faudrait nous accommoder définitivement d'un degré de droits variables en fonction du niveau de développement. Les inégalités, déjà bien réelles aujourd'hui, et contre lesquelles les normes ont la faculté d'agir, deviennent pour l'OIE un état de fait.

• Les textes de l'OIE précisent ensuite que l'adoption de nouvelles normes doit être précédée d'une évaluation approfondie de leur impact probable. Les effets bénéfiques des normes internationales du travail dépendent, dans une large mesure, d'une application équilibrée et de l'exercice raisonnable des droits qu'elles contiennent ».

Dans l'esprit de l'OIE, mesurer « l'impact probable » d'une norme doit sans doute suggérer d'en évaluer le coût économique pour l'entreprise. L'absence de droits a lui un coût social bien plus considérable pour l'humanité et le plus souvent passé sous silence.

Les juristes apprécieront pour leur part la nouvelle notion d'une application « raisonnable des droits » ! Je ne crois pas que les employeurs aient à l'esprit cette phrase de Zola : « Quand tous les hommes seront raisonnables, voudront la vérité et la justice, le monde sera heureux[6]. »

• Venons-en à la façon dont l'organisation patronale envisage l'application des normes :

> L'exercice de ces droits doit respecter l'environnement économique et social, le bien commun et les droits plus élevés des autres individus et groupes. Les besoins concurrentiels des entreprises, en particulier, doivent recevoir une attention adéquate dans le cadre de la mise en

---

6. Émile Zola, *Rome*, 1896.

œuvre des normes internationales du travail, car les entreprises sont sources d'emplois et donc le lieu même de l'application des normes internationales du travail.

Ici les droits sont subordonnés à « l'environnement économique », c'est-à-dire à la concurrence que se mènent les entreprises dans une économie capitaliste. Le juriste devrait tenir compte du fait que les entreprises sont en compétition avec d'autres où le droit est moins avancé. Non pas pour amener tout le monde vers un « niveau idéal » mais pour prendre acte que c'est ainsi et dans la nature « immuable » des choses. Il faudrait bien sûr protéger les entreprises qui ont des « besoins concurrentiels », qui sont « sources d'emploi » mais jamais du chômage !

Je suis convaincu que tous les employeurs de la planète ne se retrouvent pas dans cette approche rétrograde. Il reste qu'ils sont représentés par cette organisation, l'OIE, à l'Organisation internationale du travail, chargée de « promouvoir la paix par la justice sociale ».

Chacun comprendra mieux, je l'espère, à la lecture de ces paragraphes, que la difficulté à négocier le droit du travail repose moins sur une mauvaise volonté syndicale de notre part que sur une différence de vision et, pourquoi ne pas le dire, de valeurs entre nos aspirations pour la communauté de demain et les positions sur les normes assumées par l'OIE.

La guerre de tranchées du patronat mondial contre les droits des salariés

Les normes ne sont pas seules dans le collimateur des organisations patronales. Les droits mêmes des salariés sont eux aussi l'objet d'attaques récurrentes.

Droit de grève et liberté syndicale

Depuis 2012, le groupe des employeurs à l'OIT s'est lancé dans une guerre de tranchées pour contester que le droit de grève découle de l'application de la convention n° 87 sur les libertés syndicales adoptée par la Conférence internationale du travail en 1948 et est de portée universelle puisque couvert par une convention dite « fondamentale ».

L'enjeu est d'importance : seuls 97 États garantissent, à l'image de la France, le droit de grève dans leur constitution. Partout ailleurs, ce droit est soit encadré par la loi, soit inexistant, comme en Chine ou dans les monarchies pétrolières du Golfe. Même lorsque ce droit est constitutionnel, certaines catégories de travailleurs s'en voient privées, logiquement lorsqu'il s'agit d'activités jugées essentielles (sécurité civile, armée, etc.), de façon plus contestable pour des fonctionnaires (Allemagne, Danemark) ou des agents publics (Japon, employés du gouvernement fédéral des États-Unis) ou encore lorsque la grève est considérée comme « politique » (Australie, Chili, Mongolie, etc.), ce qualificatif laissant libre cours aux interprétations les plus diverses et les plus contestables suivant les législations[7].

Depuis sa création en 1951, le comité de la liberté syndicale est le seul recours possible pour des millions de travailleurs privés du plein exercice du droit de grève dans leur pays. Les avis et décisions qu'il rend, aussi bien que les rapports annuels de la commission des experts qui suit l'application de toutes les conventions, ont toujours établi le lien entre le droit de grève et la convention n° 87. La grève est ainsi considérée comme un moyen d'action légitime des syndicats pour défendre leurs revendications. Le comité de la liberté syndicale est d'ailleurs une instance tripartite et les employeurs se trouvent par conséquent engagés par la jurisprudence qu'il a rendue sur cette question au fil des années.

Mandaté par ses collègues du groupe des employeurs à l'OIT, c'est Maître Syder, un avocat anglais, qui, en juin 2012, s'est vu chargé de coordonner l'offensive contre le droit de grève, en pleine

7. BIT, « Document de référence pour la réunion tripartite sur la convention n° 87 sur la liberté syndicale et la protection du droit syndical (1948) pour ce qui est du droit de grève ainsi que des modalités et pratiques de l'action de grève au niveau national », Genève, 23 février 2015.

Conférence internationale du travail. Il a trouvé en Grande-Bretagne un terrain favorable avec le gouvernement Cameron qui lui aussi a inscrit à son ordre du jour une nouvelle réforme s'attaquant au droit de grève, comme si l'ère Thatcher des années 1980 n'avait pas suffi dans ce domaine.

Il faut dire que les employeurs remettent désormais en cause beaucoup de choses au sein de l'OIT. Ils contestent depuis peu que le comité de la liberté syndicale puisse être considéré comme une instance habilitée à produire une jurisprudence dont ils attaquent aussi bien le statut que la légitimité[8].

Indépendance de la commission des experts

Les employeurs vont même jusqu'à transgresser des règles aussi anciennes que l'OIT elle-même. Il en est ainsi, par exemple, de celle qui établit l'indépendance de la commission des experts chargés de l'application des conventions et recommandations que je viens d'évoquer. Il tombe sous le sens que le travail de ces experts doit pouvoir se dérouler sans ingérence de la part des gouvernements, des organisations de travailleurs ou d'employeurs. Il en va de la qualité et de l'indépendance du rapport annuel qu'ils produisent. Au nombre de vingt, ces juristes du travail, universitaires ou magistrats reconnus dans leur pays d'origine, abandonnent toute étiquette et tout drapeau lorsqu'ils viennent délibérer à Genève. Ils ont en effet pour mission d'examiner et d'instruire chaque année plusieurs centaines de cas concernant tous les champs couverts par les conventions de l'OIT. Leur rapport préparatoire nourrit les travaux de la commission des normes qui se réunit chaque année lors de la Conférence internationale du travail et qui donne une résonance particulière à vingt-cinq cas choisis par les travailleurs et les employeurs pour un examen approfondi. Or, le 1er septembre 2015, la secrétaire générale de l'Organisation

8. OIE, « Employers' inputs on the Review of ILO Supervisory Mechanisms », Genève, octobre 2015. Ce document de dix-sept pages est d'une rare violence contre le système de contrôle des normes de l'OIT.

internationale des employeurs, Mme Linda Kromjong, s'est crue autorisée de faire parvenir à ces experts une lettre de pression de cinq pages[9]. En prétendant limiter leur rôle et le périmètre duquel ils ne devraient pas sortir, elle leur interdit au passage de considérer que le droit de grève découle de l'application de la convention n° 87 sur les libertés syndicales.

Cette manœuvre tend à montrer que l'offensive lancée par le patronat mondial va en définitive bien au-delà de la seule convention sur les libertés syndicales et le droit de grève. La grève sert en fait de prétexte pour frapper au cœur même de la logique d'universalité et de régulation des normes sociales qui doivent, selon l'OIT, primer sur les intérêts privés. L'argument avancé par les employeurs est qu'ils sont prêts à reconnaître l'existence du droit de grève dans un pays... si la législation de ce pays la reconnaît elle-même. Quelle révélation ! Le patronat s'engage, dans une instance internationale, à respecter les lois... nationales !

Notons au passage la duplicité des arguments patronaux : en matière de commerce, de droits de douane et de fiscalité, le monde patronal entonne à l'unisson le refrain de l'effacement des frontières, ne jure que par la mondialisation des échanges, des flux financiers, des investissements sans contraintes. De même en matière sociale, avec l'idée que la mise en concurrence des modèles sociaux entre eux entraînera naturellement un ajustement sur le niveau le plus bas. En revanche, en ce qui concerne les droits et libertés fondamentales, en particulier les libertés syndicales, les employeurs sont les premiers à invoquer une souveraineté nationale qu'ils sont pourtant prompts à décrier sur tous les autres sujets.

Bien entendu, il est hors de question, dans cette approche du patronat, de reconnaître l'existence de régulations supranationales, de droits universels qui viendraient améliorer des dispositions

---

9. Lettre de Linda Kromjong à la commission des experts pour l'application des conventions et recommandations, Genève, 1er septembre 2015. Disponible en anglais seulement, en ligne sur le site de l'OIE.

nationales. On touche ici l'un des enjeux majeurs de l'offensive stratégique coordonnée par l'Organisation internationale des employeurs. Faire sauter ce qu'elle considère comme un verrou incompatible avec sa vision dérégulationniste : l'existence de droits universels !

Justification du licenciement

Revenons à la saillie de Pierre Gattaz d'octobre 2014. Elle relève de la même logique. Pourquoi la convention n° 158 obligeant à justifier tout licenciement par une « cause réelle et sérieuse » gêne-t-elle le président du Medef ? Parce qu'elle offre une protection contre le risque d'une nouvelle réforme amoindrissant les droits dans notre pays.

Que dit la convention n° 158 sur le contrat de travail ? Ratifiée par la France en 1989, elle oblige les employeurs à justifier les motifs du licenciement. Droit qui semble élémentaire pour les travailleurs mais sacrilège inqualifiable pour le Medef ! D'autant qu'il a déjà dû se frotter à l'application de cette convention en France. En juin 2008, le gouvernement avait été contraint de sacrifier le contrat nouvelle embauche (CNE)[10]. Saisis d'une plainte déposée par Force ouvrière, la commission des experts de l'OIT avait alors estimé que cette nouvelle disposition législative en France violait l'article 4 de la convention n° 158, justement sur cette question de la justification des motifs du licenciement. En demandant, six ans après, l'abrogation de cette norme, le premier patron de France cherche sans doute à régler ses comptes avec l'OIT.

Reprenant en l'adaptant le fameux adage du chancelier allemand Helmut Schmidt selon lequel les profits d'aujourd'hui font les investissements de demain et les emplois d'après-demain, Pierre Gattaz veut nous persuader que les licenciements d'au-

10. Le CNE, institué par le gouvernement de Villepin, visait, à l'instar du contrat première embauche (CPE), à généraliser des périodes d'essai de deux ans pour les nouveaux embauchés.

jourd'hui feront les emplois de demain. En exigeant la dénonciation et l'abrogation d'une convention de l'OIT, il invitait en fait le gouvernement français à suivre les pas du gouvernement de l'ultralibéral Fernando Henrique Cardoso au Brésil qui fut le seul pays à ce jour à sortir de cette convention, en 1996. Il est entré dans l'histoire du Brésil contemporain comme le chef d'État ayant le plus violemment privatisé et dérégulé l'économie brésilienne, jusqu'à servir de référence à l'économiste américain Jeffrey Sachs, père de la « thérapie de choc » et des plans d'ajustement structurel en Europe de l'Est dans les années 1990. Son bilan sur le front de l'emploi est le plus mauvais qu'ait connu le Brésil. À l'heure où le chômage et la précarité des salariés sont au plus haut dans notre pays, ce ne sont certainement pas les fantasmes de dérégulation du Medef, malheureusement relayés par le gouvernement Valls, dont le projet de réforme du code du travail tombe au moment de conclure ce livre. Ainsi la redéfinition du licenciement économique, parmi d'autres mesures, aboutirait à satisfaire le Medef dans sa volonté d'élargir les possibilités pour l'employeur de licencier, au risque de mettre la France en infraction par rapport à la convention n° 158.

Pour prendre la mesure de cette offensive et lui apporter des réponses pertinentes, il est nécessaire de mieux cerner les transformations actuelles de l'entreprise.

CHAPITRE 14

L'entreprise évanescente et invisible

Le cadre dans lequel se déroule la relation de travail a suivi partout et de façon radicale des transformations profondes qui interrogent par ricochet la forme et les missions du syndicalisme tout comme la structuration du droit du travail. Dans une économie fortement financiarisée, où les bulles virtuelles et spéculatives remplacent et jouent contre l'industrie et la production, de nouvelles formes d'entreprises se développent, à la fois omniprésentes et invisibles, plus puissantes que certains États et pourtant susceptibles de sombrer à la première tempête financière. Il convient de cerner la nature et les contours de ces entreprises afin de mieux imaginer les régulations les plus adaptées à leurs nouvelles formes.

L'écrasement des valeurs par le capitalisme spéculatif

La spéculation à outrance et la dérégulation du marché ont largement contribué à la remise en cause de nos modèles sociaux.

Lorsque la Bourse joue contre le travail

Je me souviens qu'à la fin des années 1990, un syndicaliste roumain me racontait les affres de la privatisation de l'opérateur public de son pays. Issue de la nationalisation de plusieurs entreprises des postes et télécommunications en 1949, Romtelecom est passée par différentes phases de libéralisation du secteur, jusqu'à sa privatisation en 1997. L'entreprise grecque OTE, dont le capital avait été ouvert l'année précédente à des investisseurs privés, est finalement choisie par le gouvernement roumain et acquiert d'abord 35 % des actions de Romtelecom. Par étapes successives, elle portera sa participation à 54 % du capital, l'État continuant à détenir le reste des actions. Dans un contexte fortement spéculatif, les gains boursiers d'OTE ont couvert en moins de deux ans le prix du rachat de Romtelecom. C'est l'effet d'annonce de cette prise de participation qui a alors boosté le cours de l'action de l'opérateur, alors même que l'État grec détenait encore un quart du capital de l'entreprise (il n'en détient plus que 10 % aujourd'hui). *De facto*, cela signifie que cet investissement direct n'a rien coûté à l'entreprise grecque, la création virtuelle de valeur ayant plus que couvert le montant du rachat [1] !

Cela s'apparente à la meurtrière technique dite de LBO [2] qui vise à faire payer à l'entreprise rachetée le montant des sommes versées par l'acheteur en pressurant ses actifs, en l'asséchant, en la restructurant à marche forcée, peu importe sa survie à court ou moyen terme, l'objectif étant d'assurer à « l'investisseur » un rendement maximal en un temps record. Et tant pis si l'entreprise et ses salariés ne survivent pas au processus ! Ces procédés prédateurs et spéculateurs ont été largement testés en Europe centrale et orientale ainsi que dans les pays de l'ex-URSS avant de se répandre à l'ouest du continent.

---

1. Toutes ces données proviennent de mes conversations avec mes camarades roumains des syndicats Cartel Alfa et Fratia.

2. *Leveraged Buy Out*, « achat par effet de levier », technique de rachat spéculatif, une entreprise finançant tout ou partie du rachat d'une autre entreprise en ayant recours à l'endettement bancaire et en cherchant à retrouver sa mise et à engranger des profits le plus vite possible.

L'ajustement structurel des économies de l'ancien bloc soviétique[3]

Ainsi les années 1990 ont-elles été celles de l'ajustement structurel des économies issues de l'ancien bloc soviétique dans un contexte de transition vers l'économie de marché. Les peuples de ces pays ont été les premiers sur le continent européen à expérimenter, tels des rats de laboratoire, la mise en place d'un capitalisme « casino », selon la formule du syndicaliste britannique John Monks, ancien secrétaire général de la Confédération européenne des syndicats. Les frasques des nouvelles élites économiques et politiques, qui sont bien souvent les mêmes vu les rapports incestueux qu'entretiennent ces deux mondes, tranchent vulgairement avec la paupérisation des peuples de ces pays et la spoliation généralisée et outrancière des biens et du patrimoine collectif.

Sur les conseils d'économistes ultra-libéraux mandatés par la Banque mondiale et le Fonds monétaire international tels que Jeffrey Sachs et Anders Aslund, les gouvernements d'Europe de l'Est mis en place avec le processus de transition libéralisent les prix, réforment à la hache les régimes de retraite et de protection sociale, privatisent à la hâte des pans entiers de l'économie. Ce remède de cheval a conduit à une hyperinflation, à une récession jamais atteinte dans l'histoire économique depuis les années 1930, à une destruction des systèmes de solidarité et à une captation du capital par une caste d'oligarques.

Rappelons la manière dont s'est opérée la privatisation de l'ensemble de l'économie en Russie et dans certains pays de l'Est : au nom d'une distribution factice du patrimoine collectif, l'option mise en avant fut celle d'une privatisation dite « populaire » par distribution de *vouchers* (des bons) à la population. Concrètement, les travailleurs d'une entreprise se retrouvaient du jour au lende-

3. Pierre Coutaz, « Les rapports entre les sphères publique et privée dans l'économie russe émergente : une résurgence de l'État sur fond d'atomisation de l'économie », mémoire de DEA, Université Paris 1 Panthéon Sorbonne, Paris, 1996.

main détenteurs de son capital : l'ouvrier d'une usine de 1 000 salariés se transformait en propriétaire d'un millième de son entreprise. Mais dans un contexte d'hyperinflation[4], comme l'a connue la Russie au début des années 1990, la population cherchait essentiellement à survivre. Or les *vouchers* ne sont pas directement comestibles. Les personnes qui les recevaient cherchaient donc rapidement à les revendre, de manière à trouver de l'argent pour nourrir leurs familles.

Dans le même temps, toujours en 1992, le gouvernement russe promulguait une loi sur les fonds d'investissement, structures habilitées à racheter les bons à la population. Avec l'hyperinflation et l'absence d'appréciation réelle des entreprises industrielles et des structures économiques soumises à ce processus de privatisation, les Russes ont rapidement vendu à vil prix leurs *vouchers*. C'est l'une des explications de l'émergence des oligarques, qui ont pu se constituer des fortunes, capter la propriété collective à moindre coût. Certaines entreprises de plusieurs milliers de travailleurs se sont échangées pour quelques dizaines de milliers de dollars. Au fil des reventes et des spéculations, des pans entiers de l'industrie ont sombré, plongeant le pays dans une récession dramatiquement longue. Entre 1992 et 2000, l'économie russe a ainsi été en situation de décroissance continue. Des secteurs industriels entiers ont périclité, des millions d'emplois ont été détruits, les arriérés de salaires ont atteint des volumes vertigineux sur des périodes extrêmement longues[5].

---

4. Le 1er janvier 1992, le gouvernement russe rend le rouble convertible et libéralise les prix. À la fin de cette même année, l'inflation crèvera le plafond des 2 000 %. En 1993, elle tutoiera la barre des 900 % et se maintiendra à proximité des 300 % pour l'année 1994. Tous les mois en 1992, il faut rajouter des zéros sur les billets de banque. Inutile de préciser que les salaires sont loin de suivre le même mouvement.

5. Pierre Coutaz, « Le Soleil trompeur du libéralisme russe : retour sur huit années de réformes économiques en Russie », *Bulletin de la Fondation André Renard*, Liège, n° 219-220, 1999.

Il y a plus de quinze ans, j'ai ainsi croisé des ouvriers d'une tannerie de la région de Moscou qui me disaient avoir connu, à la fin des années 1990, des arriérés de salaires de plus de quarante mois. Voyant que j'avais du mal à croire que l'on puisse accepter une telle situation sur une aussi longue période, ils m'ont expliqué : il est encore possible de s'échapper d'une entreprise qui ne vous paie pas depuis trois mois, mais quand le retard s'accumule, vous devenez otage de l'entreprise et de moins en moins enclin à la quitter sans avoir touché votre dû. Et vous acceptez alors, en lieu et place du salaire, la signature par l'employeur d'une reconnaissance de dette qui devient vertigineuse au fil des mois[6]. Les paiements en nature se sont aussi généralisés pendant ces années noires. C'est dans ce contexte de paupérisation accélérée que l'espérance de vie des Russes a chuté de plus de cinq ans entre la fin des années 1980 et celle des années 1990[7] !

Ils sont une poignée d'oligarques à avoir profité de ce cataclysme économique et social, en augmentant notamment leur capacité à mêler les affaires et la politique. Pour justifier leurs pratiques prédatrices, on invoque les ruines fumantes d'un système soviétique en faillite en omettant de dire qu'il s'agit le plus souvent de membres de la *nomenklatura* de l'ancien système communiste qui se sont empressés de faire jouer leurs réseaux d'influence pour profiter des « opportunités » offertes par la libéralisation intégrale de l'économie. Comme s'il n'existait aucune

6. Rencontre avec des syndicalistes russes de la FNPR en 2000.

7. La chute a même frôlé les dix ans pour les hommes. Elle reprend lentement depuis le début des années 2000 et se rétablit aujourd'hui sensiblement au même niveau qu'en 1989. Notons qu'avec la crise, la progression de l'espérance de vie n'a plus rien de linéaire en Europe occidentale non plus. Depuis 2008, plusieurs pays ont enregistré en ce domaine des baisses inquiétantes. Après la Grèce et l'Allemagne, pour la première fois depuis qu'elle est mesurée, l'espérance de vie a baissé en France en 2015 (voir les données de l'Insee pour 2015, disponibles en ligne sur le site http ://www.insee.fr/).

autre voie que l'application intégriste de la loi du marché pour sortir de la bureaucratie totalitaire.

Des trajectoires « à la française »

Les oligarques ne sont pas une espèce évoluant uniquement dans les économies situées à l'est de l'Europe. Nous connaissons des phénomènes très proches en France, même s'ils revêtent des formes moins visibles et moins caricaturales, qui puisent leurs racines dans les passerelles qui se multiplient entre les mondes économique, politique et médiatique.

Les exemples ne manquent malheureusement pas, de l'ancien haut fonctionnaire Michel Pébereau, en charge de la privatisation de la BNP en 1986 avant de devenir son PDG en 1993, à Alexandre de Juniac, spécialiste des allers-retours entre la haute fonction publique et le monde des affaires : chargé de la communication de Nicolas Sarkozy en 1994, au groupe Thales ensuite, avant de revenir à Bercy en 2009 comme directeur de cabinet de Christine Lagarde pour partir enfin au groupe Air France !

Que dire aussi du parcours de Jean-Marie Messier, conseiller technique en charge des privatisations au cabinet d'Édouard Balladur en 1986 et qui a su profiter de ses réseaux pour son plan de carrière ultérieur ? En sens inverse, Emmanuel Macron est passé du monde de la banque privée d'affaires au ministère de l'Économie et des Finances, et avant lui Christine Lagarde de son cabinet d'avocats d'affaires au même ministère avant de prendre le relais de Dominique Strauss-Kahn au Fonds monétaire international.

S'ajoutent à ces trajectoires croisées entre mondes économique et politique une mainmise des grands groupes sur les médias et l'activité éditoriale. On compte sur les doigts d'une main les médias qui conservent une réelle indépendance. En guise d'illustration, j'ai relevé que la présence, pourtant exceptionnelle du président de la République française s'exprimant devant la Conférence internationale du travail en juin 2015 n'a pratiquement donné lieu à aucun reportage ou compte rendu par les médias nationaux. C'est bien dommage car ils auraient pu relater ses propos en défense du droit de grève. Il faut dire qu'auparavant, les dirigeants syndicaux présents, Philippe Martinez (CGT), Laurent Berger (CFDT), Jean-Claude Mailly (FO), avaient tous réclamé de lui une expression claire et forte sur ce sujet polémique avec les employeurs.

Ce silence médiatique sur un point pourtant essentiel du débat social s'explique par l'autocensure que provoque l'appropriation des grands médias par des sociétés n'ayant rien à voir avec le monde de la presse. Aussi, quelques grands noms du CAC 40 se sont assurés, au mépris de la démocratie, un contrôle quasi total sur l'information dans notre pays[8] :

- le groupe Vivendi (dirigé par Vincent Bolloré), présent dans les télécommunications, détient l'ensemble du groupe Canal +, I Télé, D8, Dailymotion, etc. ;

- le groupe Bouygues (Martin Bouygues), présent dans la construction, l'immobilier, les infrastructures de transport, la téléphonie, détient TF1, LCI, TV Breizh, Histoire, Ushuaïa TV, Metronews, etc. ;

- le groupe Lagardère (Arnaud Lagardère), présent dans l'édition, la distribution et le sport, détient Europe 1, RFM, *Paris Match*, *le JDD*, *Télé 7 jours*, etc. ;

- le groupe LVMH (Bernard Arnault), présent dans les produits de luxe, détient *les Échos*, *le Parisien*, Radio Classique, etc. ;

- le groupe Dassault (Serge Dassault, sénateur), présent dans l'aviation civile et militaire, détient *le Figaro*, *le Figaro Magazine*, *le Figaro Madame*, *le Journal des finances*, etc. ;

- le groupe Altice (Patrick Drahi), détient quant à lui *Libération*, *l'Express*, *l'Expansion*, *l'Étudiant*, BFM TV, RMC, etc.

---

8. On retrouve les mêmes configurations de concentration et de croisement des intérêts dans les médias de nos homologues européens.

Ces relations entre les affaires, la politique et l'information sont scandaleuses pour de multiples raisons : elles contribuent à discréditer les élites dirigeantes, tant politiques qu'économiques, et par conséquent à affaiblir la démocratie, la liberté d'expression et l'indépendance de l'information ; elles sont lourdes de dangers pour le maintien de l'indépendance de la puissance publique ; elles affaiblissent l'autorité de l'État face aux grands groupes ; elles permettent à ces derniers d'accéder directement aux postes clés de l'administration, jusqu'au cœur de la décision politique ; elles nous font courir le risque de privatiser les politiques publiques elles-mêmes. Enfin, par l'effacement des frontières qu'elles génèrent, ces relations troubles entre des ensembles qui devraient rester parfaitement délimités transforment l'entreprise en un objet difficilement identifiable utilisant toutes les armes de la communication et de la finance pour atteindre leur but ultime : augmenter la valeur de l'action et par là celui des dividendes et des plus-values potentielles à réaliser.

La disparition de l'entreprise industrielle ou de services, dans sa forme traditionnelle, au profit d'entreprises aux contours flous, dont on ne connaît plus les propriétaires réels, dont on décrypte mal les stratégies hormis le fait qu'elles sont essentiellement motivées par la recherche du profit immédiat, se double d'une modification profonde de la relation de travail. Comme le montre Alain Supiot, on est passé en trente ans d'une relation de travail fondée sur un échange quantifié (« en contrepartie d'une certaine quantité d'heures de travail, le salarié reçoit une certaine quantité d'argent et ce sont les termes de cet échange – la durée du travail et le montant des salaires – qui constituent l'objet de la négociation collective[9] ») à une relation de travail reposant sur l'allégeance du travailleur vis-à-vis de son employeur. Cette évolution organise le reflux de l'échange quantifié et rend évolutifs tous les critères : temps de travail, salaires, formes du contrat. Ce modèle refuse les

9. Alain Supiot, *La Gouvernance par les nombres*, Paris, Fayard, 2015.

cadres, met en avant la liberté individuelle, les travailleurs juridiquement indépendants, alors qu'il généralise en fait la dépendance la plus totale dans une autonomie relative, qui permet essentiellement à l'employeur de contourner ses responsabilités. Le règne de l'autoentrepreneur esclavagisé !

Les nouvelles formes d'entreprise décrites plus haut, fortement marquées par des logiques spéculatives, par la recherche de la rentabilité à court terme et de la maximisation du profit, jouant avec l'emploi, l'environnement et les normes sociales pour servir des objectifs immédiats, évoluant en grande partie dans une économie virtuelle, sont également soumises à des rapports d'allégeance. Les multinationales et leurs chaînes de sous-traitance en sont l'archétype. Il est temps de nous intéresser à leur cas.

Chapitre 15

L'inquiétante influence des multinationales

Les firmes multinationales occupent aujourd'hui une place déterminante dans l'organisation (ou la désorganisation) du monde. Leur importance a fortement augmenté au cours des dernières décennies. Alors qu'elles n'étaient encore que 7 000 au début des années 1980, leur nombre actuel serait près de dix fois supérieur [1]. L'OIT, qui s'est dotée d'une unité spécifiquement dédiée au suivi des entreprises multinationales, évalue aujourd'hui leur nombre à plus de 50 000 qui contrôleraient près de 450 000 filiales et emploieraient plus de 200 millions de travailleurs. Avec l'ensemble des emplois induits par leurs activités, près d'un travailleur sur cinq sur la planète, selon les estimations du département de la recherche du Bureau international du travail, tirerait tout ou partie de son revenu des multinationales [2].

Qui dirige le monde ?

Phénomène relativement récent, observable essentiellement depuis la fin du XXe siècle, les multinationales continuent aujour-

1. UNCTAD (Conférence des Nations unies sur le commerce et le développement), « World Investment Report 2014 ».
2. Cité notamment dans le colloque des 15-17 décembre 2015, Bureau des activités pour les travailleurs – ACTRAV, « Le travail décent dans les chaînes d'approvisionnement mondiales », Genève, décembre 2015.

d'hui à « s'internationaliser ». Si elles restent encore majoritairement issues des pays développés, les multinationales nées dans les pays émergents et qui y ont leur siège sont de plus en plus nombreuses à accéder aux sommets du classement mondial. Plus de 10 % des 500 premières multinationales sont aujourd'hui dans ce cas, parmi lesquelles Mittal (Inde), Samsung (Corée du Sud) ou Gazprom (Russie).

Si l'impact sur l'emploi de ces firmes peut sembler à première vue appréciable, la médaille a cependant son revers. Les multinationales n'ont pas de loyauté spécifique envers un État. Par définition, elles n'ont pas de nationalité ; leurs décisions sont motivées avant tout par la recherche d'économies d'échelle, par la course aux moindres coûts des matières premières ou de la main-d'œuvre sur la planète entière, par la volonté de contournement des règles sociales, fiscales et environnementales édictées justement par les États dont elles proviennent.

L'évasion fiscale est aujourd'hui estimée entre 8 et 10 % de la richesse mondiale : 2 000 milliards d'euros pour la seule Union européenne chaque année, et entre 50 et 80 milliards pour la France [3]. Il est clair que les politiques fiscales favorisent les plus fortunés et les plus grosses entreprises. Ceux-là mêmes qui bénéficient des largesses de l'État, voire de son impunité, s'évertuent à prôner son effacement, jugeant que ce dernier est trop dépensier, ou s'appliqueront à fustiger le montant des dettes publiques qu'ils ont pourtant générées par leur comportement.

Les stratégies d'alliance des grands groupes avec la puissance publique ne sauraient être que conjoncturelles et visent d'abord à leur assurer l'accès à des marchés et la maximisation de leurs profits. Leur lobbying, d'autant plus néfaste que leur puissance est colossale face à certains interlocuteurs étatiques, tend à privatiser l'action publique dans le sens de leurs intérêts immédiats.

3. Rapport de M. Éric Bocquet, présenté au nom de la commission d'enquête sur l'évasion des capitaux et des actifs hors de France et ses incidences fiscales, au Sénat le 17 juillet 2012.

Le tableau est sombre... Il dessine les contours d'un monde qui passe chaque jour davantage sous la coupe d'intérêts privés sur fond d'effacement des autorités politiques. Depuis vingt ans, l'affaiblissement du politique, le renoncement ou la démission qui semblent contaminer les élus de nombreux pays, contribuent à renforcer encore davantage cette influence déjà excessive des multinationales.

Sans jouer les Cassandre, que dirions-nous d'un monde où la citoyenneté ne serait plus déterminée par l'appartenance à un pays ou un ensemble de pays et par l'exercice de la souveraineté des peuples mais par l'allégeance à des entreprises gouvernant la cité par la production et la consommation de leurs produits et services ? Sommes-nous uniquement dans un mauvais film de science-fiction politico-économique si nous imaginons un instant une société globalisée dans laquelle les femmes et les hommes de demain gagneraient leur accès au statut de citoyen, assortis de droits et de devoirs, parce qu'ils sont d'abord consommateurs/travailleurs/clients de Bouygues, Bolloré, Nissan, Nestlé, L'Oréal, Halliburton ou Walmart, avant d'être habitant de France, du Sénégal, des États-Unis, du Vietnam ou d'Europe ?

Le partenariat public-privé, cheval de Troie des multinationales dans la régulation internationale ?

Ce mouvement encore plus dangereux que la privatisation des services publics est engagé depuis une vingtaine d'années. Il repose sur une forme de privatisation des politiques ou des réglementations publiques au profit d'acteurs disposant d'ores et déjà d'une influence plus importante que de nombreux États. Par le biais des partenariats public-privé, à la faveur de la captation d'appels d'offres pour les collectivités territoriales ou les organisations régionales et multilatérales, certaines multinationales peuvent être tentées de manipuler la puissance publique ou d'établir des normes à leur propre avantage. Dans ce domaine, un conflit persiste entre les normes sociales de l'OIT et celles, techniques, qui émanent de l'Organisation internationale de la normalisation (ISO), organisme privé ne dépendant d'aucune instance internationale publique et chargé d'établir les certifications nécessaire à la commercialisation des produits. La certification technique, de surcroît définie par des acteurs privés, autorisera-t-elle demain à s'extraire des obligations sociales ? Déjà aujourd'hui, un téléphone ou un jouet produit en Asie peut disposer de toutes les normes ISO nécessaires mais être fabriqué par des enfants !

Le poids phénoménal pris par les multinationales

À la fin des années 1990, le Programme des Nations unies pour le développement (Pnud)[4] estimait que, financièrement, le poids de la firme japonaise Mitsubishi était supérieur à celui de la Pologne, encore en transition, et que celui de l'entreprise américaine Ford équivalait à celui de la Norvège[5]. Pour le Pnud, cinquante-cinq des premiers acteurs économiques mondiaux étaient alors des firmes multinationales qui devançaient des dizaines d'États. De par leurs choix économiques, leurs décisions de développement et d'investissement, les multinationales organisent la mise en concurrence des États entre eux. Elles façonnent leur propre espace économique et exploitent comme elles l'entendent les disparités de législations sociales, fiscales et environnementales. Acceptant ce rapport de force, les États se sont lancés dans une course à la séduction afin de capter leurs investissements. Les gouvernements prennent ainsi des décisions de développement d'infrastructures en dehors de l'intérêt général dans le seul

4. Le Pnud est un développement de l'ONU datant des années 1950 dont l'objectif est d'aider les pays en développement en leur fournissant des conseils et en finançant des actions spécifiques. Voir notamment Pnud, « Rapport sur le développement humain 2015. Le travail au service du développement humain », www.undp.org.

5. La presse relatait récemment que la multinationale américaine Apple pesait en Bourse l'équivalent du budget de la France. Franck Dedieu et Béatrice Mathieu, « Ces entreprises plus fortes que les États », *l'Express*, 30 avril 2013.

but de satisfaire les exigences de l'entreprise qu'il faut à tout prix attirer. En somme, tels des Lilliputiens, ils cèdent à tous les caprices de ces groupes aux allures de géants dotés d'appétits insatiables.

Quand les États servent la soupe aux multinationales

Il y a quelques années, la CGT, dont j'étais alors secrétaire général, avait tenté en coalition avec plusieurs ONG françaises et indiennes d'interroger les conditions de l'implantation d'un grand fabricant de pneumatiques (Michelin) dans le Sud de l'Inde. Pour créer quelques centaines d'emplois, l'avenir de dizaines de milliers de cultivateurs et d'éleveurs avait été gravement hypothéqué. Les pouvoirs locaux s'étaient engagés auprès de cette multinationale à réaliser des investissements publics phénoménaux (autoroute, fourniture d'énergie et d'eau) au mépris de l'environnement et des intérêts de long terme des populations riveraines. Ces choix de développement, ces relations tissées entre les grands groupes et les autorités publiques, doivent être revisités radicalement !

Certaines multinationales hésitent peu avant de localiser leurs activités vers les États les moins regardants en matière de droits, de libertés fondamentales et de respect des normes environnementales. Pourtant, même quand ces entreprises sont originaires d'un pays développé et démocratique, les services de l'État concerné sont peu soucieux de limiter les conséquences négatives générées par leurs activités. En France, l'accent récent mis sur la diplomatie économique a tendance à transformer le président de la République et son ministre des Affaires étrangères en VRP des grands groupes. Cela fait déjà longtemps que l'on voit régulièrement décoller les avions de la République bondés de PDG accompagnant le chef de l'État pour faire leur « marché » avec à leurs côtés des journalistes dûment accrédités pour assurer leur communication[6].

6. Autre exemple récent, cette fois « à domicile » : la signature, sous l'œil des caméras, des accords commerciaux entre quelques grands groupes français et

Dans un tel contexte, les dégâts sociaux et environnementaux causés par l'activité de ces firmes, la précarité des conditions de travail, les faibles rémunérations ou encore le mépris des droits de l'Homme qu'elles provoquent pèsent pour quantités négligeables et passent par pertes et profits ! Pire, certaines guerres et interventions armées, souvent déjà motivées par des réflexes prédateurs des pays du Nord aspirant à faire main basse sur les ressources d'autres territoires, sont en plus sous-traitées à des entreprises privées dans le cadre de véritables marchés publics : Halliburton de nouveau, ou Blackwater (rebaptisée récemment Academi pour masquer les relents nauséabonds de cette société paramilitaire privée américaine) en Irak ou en Afghanistan par exemple. Notons enfin qu'il existe une forme achevée de confusion des rôles entre l'État et la multinationale : le Qatar en est un exemple criant. Le Qatar en tant qu'« État » fonctionne lui-même comme une multinationale et son gouvernement comme une direction d'entreprise. À tel point d'ailleurs que l'on retient que c'est le Qatar qui est l'actuel propriétaire du Paris-Saint-Germain, et non sa compagnie aérienne, Qatar Airways.

De nouveaux modes de domination

À bien des égards, les multinationales incarnent le pouvoir privé contre le pouvoir public. Elles prennent dans leurs nasses aussi bien les États que les peuples et les maintiennent les uns comme les autres dans une relation de dépendance. Comme le démontre l'universitaire luxembourgeois Dario Battistella, les multinationales participent activement à :

> [...] l'exploitation de la périphérie de la périphérie [travailleurs et ressources des pays les moins avancés] par le centre du centre [dirigeants d'entreprise et des pays occidentaux] avec l'aide du centre de la périphérie [« élites » économiques et politiques des pays les moins

---

le régime de Téhéran, sous l'autorité de Manuel Valls et du président iranien Rohani, qui bafoue allègrement les droits des syndicalistes indépendants en Iran... au siège du Medef.

avancés] et de la périphérie du centre [travailleurs-consommateurs les moins aisés des pays occidentaux] [7].

Alain Supiot qualifie quant à lui leur mode de fonctionnement de « structuration de liens d'allégeance [8] », à la fois vis-à-vis des travailleurs (on l'a vu au chapitre précédent), mais aussi en ce qui concerne leurs filiales et fournisseurs dans le cadre des chaînes de sous-traitance. Prenant l'exemple tragique du Rana Plaza [9], il apparente la mise en place de ces liens à une nouvelle forme de colonialisme, qui permet de surcroît aux multinationales de s'exonérer de toute responsabilité en s'en défaussant sur les maillons faibles de la chaîne.

Imposer des règles aux multinationales

Comment fixer des règles à ces mastodontes dont l'objectif est précisément qu'il y en ait le moins possible et qui font en sorte, soit de les refuser, soit de les contourner, soit de les modeler pour leur seul bénéfice ?

Certains États, essentiellement en Amérique du Sud sur la dernière période, ont tenté de réagir par des procédures de nationalisation au nom par exemple de la maîtrise publique des richesses naturelles. Au plan multilatéral, l'OIT s'est dotée en 1977 d'une « Déclaration de principes tripartite sur les entreprises multinationales et la politique sociale [10] ». Son actualisation est à l'ordre du jour des travaux de l'OIT. L'OCDE a adopté des principes directeurs, sorte de code de bonne conduite à l'attention des multinationales. La plupart de ses pays membres ont mis en place des structures, les points de contacts nationaux (PCN) [11], chargées

7. Dario Battistella, *Théories des relations internationales*, Paris, Presses de Sciences Po, coll. « Références inédites », 2003.

8. Alain Supiot, *La Gouvernance par les nombres*, *op. cit.*

9. Voir le focus « multinationale » de ce chapitre, p. 185.

10. Disponible en ligne sur www.ilo.org.

11. Le PCN français associe les organisations syndicales et patronales à son fonctionnement et est basé à Bercy.

de traiter les plaintes déposées par des syndicats, des associations ou des personnes et visant à faire acter les violations de ces mêmes principes directeurs par des grands groupes multinationaux issus des pays de l'OCDE. Mais l'ensemble de ces mécanismes est très insatisfaisant et ne parvient pas à faire respecter effectivement les droits fondamentaux par les firmes multinationales.

Les conventions et recommandations internationales du travail de l'OIT s'appliquent aux États qui les ont négociées. Les entreprises échappent *de facto* à une application directe de ces normes même si elles peuvent être concernées par ricochet par la responsabilité des États engagés dans le contrôle de leur application. Cette situation est d'autant plus regrettable que le patronat participe *via* ses représentants à la négociation et à l'adoption de nouvelles normes. Alors qu'ils représentent 25 % des mandats de la Conférence internationale du travail chargée d'adopter les conventions et les recommandations de l'OIT, les employeurs mondiaux votent donc des lois devant lesquelles leur responsabilité n'est pas directement engagée. Comment faire évoluer cette situation ? La mise en œuvre du principe de responsabilité sociale des entreprises (RSE) est-elle d'un quelconque secours pour progresser dans cette voie ? Quel rôle l'OIT doit-elle jouer sur ce terrain qui constitue par excellence la nouvelle frontière des normes internationales du travail ? C'est ce que nous allons voir à présent.

Chapitre 16

La RSE a-t-elle encore du sens ?

La RSE, très à la mode depuis une vingtaine d'années, a été imaginée pour donner des gages de bonne conduite dans la marche des affaires. Mais elle se réduit trop souvent à un simple exercice de relations publiques. Pourtant, pour avoir du sens [1], elle ne peut seulement reposer sur l'autorégulation et les actions volontaires et non contraignantes des entreprises. Nul ne peut se déclarer « socialement » ou « environnementalement » responsable en ayant choisi ses propres normes, règles et objectifs, sans contrôle social et institutionnel de la mise en œuvre des engagements pris.

La nécessité de transformer la RSE en la rendant plus contraignante et moins endogène aux directions d'entreprise est ainsi posée. Il serait en effet salutaire que les entreprises intègrent les critères de justice sociale et de préservation de l'environnement dans leur stratégie et leurs comptes. Cette idée suscite une colossale adversité de la part du patronat. La dynamique est cependant lancée et elle mobilise la société civile et les syndicats en faveur d'une inscription volontariste sur l'agenda public en de nombreux endroits de la planète. En France, le débat sur ce que l'on appelle le

---

1. Je souhaite ici reprendre à mon compte le titre fort juste d'un ouvrage paru en 2004 : Michèle Descolonges et Bernard Saincy, *Les Entreprises seront-elles un jour responsables ?*, Paris, La Dispute, 2004.

« devoir de vigilance » vis-à-vis de l'action des multinationales s'inscrit dans ce contexte plus général.

État du débat sur la RSE

La RSE, mise en avant par certains, ne fait pourtant pas l'unanimité, notamment quant à la manière dont elle doit être abordée.

Une bonne et deux mauvaises nouvelles

Il y a une bonne et deux mauvaises nouvelles dans ce mouvement mondial que l'on observe depuis quelques années en matière de devoir de vigilance des firmes multinationales. La bonne nouvelle est que de plus en plus de voix s'élèvent en faveur d'une approche exigeante sur ce sujet avec, à des degrés divers, l'idée d'établir de nouvelles normes en la matière, au plan national comme aux plans continental et international[2].

La première mauvaise nouvelle est en partie liée à ce mouvement de fond que je viens d'évoquer : si de nombreux acteurs et institutions s'intéressent à ce sujet, depuis l'OCDE jusqu'au G7 plus récemment, l'institution qui devrait être la plus légitime pour travailler à rendre plus opératoire le devoir de vigilance des multinationales, l'OIT, est, il faut bien l'admettre, un peu en retard. Il s'agit là d'un paradoxe facilement explicable et qui est lié à la deuxième mauvaise nouvelle : malheureusement, le patronat ne voit pas d'un bon œil l'établissement de nouvelles normes qui augmenteraient la responsabilité des donneurs d'ordre et des maisons mères dans les chaînes de sous-traitance. Ce constat est malheureusement vrai à tous les niveaux : on connaît en France la bataille que le Medef a menée et poursuit encore contre les différentes versions de la future loi sur le devoir de vigilance des multinationales. Cette bataille est loin d'être terminée.

---

2. Voir notamment sur ce sujet Frédéric Baule, Xavier Becquey, Cécile Renouard, *L'Entreprise au défi du climat*, Ivry-sur-Seine, Les Éditions de l'Atelier, 2015.

Et l'OIT dans tout ça ?

Au sein de l'OIT, on voit bien que le sujet est également difficile à aborder, et ce pour une raison simple : la Conférence internationale du travail, chargée de discuter, d'établir et d'adopter les normes internationales du travail, est le seul parlement du monde où un quart des parlementaires (les employeurs) votent une loi qui ne s'applique pas directement à eux, comme nous l'indiquions dans le précédent chapitre. Ce sont les États qui sont redevables de la bonne application des conventions de l'OIT. Le groupe des employeurs nous rappelle régulièrement cette réalité qui, objectivement, leur permet trop souvent de s'exonérer de leurs responsabilités en interrogeant uniquement celles de l'État. C'est le cas, par exemple, sur des sujets comme l'inspection du travail, le contrôle de la sécurité et de la conformité des lieux de travail, etc.

Lors d'un forum mondial de l'OIT consacré à la filière textile en 2014, la représentante du gouvernement de la Thaïlande a eu cet accent de franchise :

> L'État a pris ses responsabilités, nous avons doublé le nombre d'inspecteurs du travail chargés de contrôler les entreprises du textile. Mais nous nous heurtons au phénomène de corruption qui mine le travail de contrôle, nous demandons l'aide de l'OIT[3].

Or, pour qu'il y ait des fonctionnaires corrompus, il faut qu'il y ait des corrupteurs !

Quelle partition doit jouer l'OIT dans l'orchestre symphonique qui est en train de monter sur scène pour jouer l'air de la responsabilité des multinationales dans les chaînes de sous-traitance ? Pour filer cette métaphore, je suis tenté de dire que l'OIT aurait vocation à être le chef d'orchestre. Le débat a en effet besoin d'une institution susceptible de suggérer un cadre et des règles simples

3. « Forum de dialogue mondial sur les salaires et le temps de travail dans les industries du textile, des vêtements, du cuir et de la chaussure », Bureau international du travail, Genève, 23-25 septembre 2014.

mais essentielles à respecter si l'on veut qu'il débouche sur des éléments tangibles et concrets.

Les conditions pour que la RSE soit efficace

Pour sortir du registre de la déclaration d'intention sans lendemain, la RSE doit réunir trois conditions indispensables : s'appuyer sur une mobilisation large d'un grand nombre d'acteurs, sur un appareil normatif puissant et sur un régime de sanctions.

S'appuyer sur une mobilisation large d'un grand nombre d'acteurs

Au premier rang de ces acteurs se trouvent les travailleurs de l'ensemble de la chaîne concernée. Mais l'alliance citoyenne doit aller jusqu'aux consommateurs. Cela est nécessaire pour que la RSE cesse de relever de l'opération de philanthropie ou de communication interne/externe des grands groupes, qui la conçoivent encore trop souvent comme une vitrine sociale et environnementale. Cette appropriation collective et citoyenne doit bien évidemment aussi faire toute leur place aux populations concernées par le développement des activités de ces groupes dans les pays où ils s'implantent.

S'appuyer sur un appareil normatif puissant

La deuxième condition pour rendre la RSE efficace repose sur un appareil normatif puissant, en l'occurrence les conventions de l'OIT[4], les déclarations de l'OIT, les principes directeurs de l'ONU et de l'OCDE. Mais l'ensemble de ces normes plus ou moins contraignantes selon qu'on les regarde avec l'œil droit ou avec l'œil gauche doit entrer en résonance avec les normes européennes et nationales qui peuvent et doivent avoir des contenus plus avantageux pour les salariés. De ce point de vue, l'adoption prochaine d'une directive européenne sur la RSE ne doit pas servir de prétexte à l'immobilisme, aussi bien en France que dans d'autres pays d'Europe.

---

4. Voir annexe 2 pour les conventions fondamentales et prioritaires, p. 201.

S'agissant du devoir de vigilance[5], la loi française doit aussi élever l'ambition et permettre entre autres de faire vérifier par le juge les éventuels écarts entre les droits fondamentaux et les pratiques et activités des grands groupes français à l'étranger. Enfin, lors de ses sessions de 2016 et 2017, la Conférence internationale du travail a la possibilité de doter l'organisation d'une nouvelle norme sur ce sujet essentiel.

S'appuyer sur un régime de sanctions

La troisième condition à une réelle mise en pratique de la RSE est l'existence d'un régime de sanctions. C'est indispensable lorsque des violations de normes sont constatées. Elles doivent bien sûr permettre aux victimes des préjudices de toucher des indemnités, mais elles devraient également être morales – les consommateurs étant en droit d'être informés des conséquences négatives (appelées aussi externalités négatives dans le jargon des économistes) générées par les entreprises dont ils achètent les produits – et institutionnelles – les entreprises se rendant coupables de violations perdant par exemple le soutien de leur État d'origine, notamment en matière d'aides publiques dont elles bénéficiaient.

Sur ce dernier point, il y a matière à mettre en place une conditionnalité sociale et environnementale des aides publiques aux entreprises. Pour prendre l'exemple de la France, comment tolérer qu'au nom d'une diplomatie économique exclusivement tournée vers le soutien de la puissance publique française au développement des entreprises « hexagonales » à l'export, on en vienne à fermer les yeux sur leurs pratiques ou sur celles des régimes avec lesquels elles contractualisent ? Il ne fait pas de doute que la politique de développement et de solidarité interna-

5. Le devoir de vigilance qualifie l'obligation pour les entreprises de s'assurer que leurs activités ne contreviennent pas, quels que soient les pays où elles se développent, à un ensemble de règles sociales, environnementales, de droits de l'Homme, de droits fondamentaux, de droits civils et politiques.

tionale de la France doit prendre en compte l'exigence de la RSE. Il en va d'ailleurs de même pour la responsabilité de l'État en la matière. Est-il normal par exemple, que des grands groupes français violant les normes internationales bénéficient du soutien d'institutions publiques, comme la Compagnie française d'assurance pour le commerce extérieur (Coface)[6] ou l'Agence française de développement (AFD)[7]. Que penser par exemple de ces fleurons nationaux de la téléphonie, de la construction ou des services aux collectivités qui interviennent et se développent dans les colonies israéliennes illégalement implantées en Cisjordanie, au mépris des résolutions de l'ONU de 1967 ? Il y a donc bel et bien matière à conditionner ces aides, à ne pas les distribuer ou à les retirer en fonction des éventuelles violations du droit par les entreprises. Il s'agirait là d'un régime de sanctions directement en lien avec la politique de développement et de solidarité de la France et de l'Europe, conforme à nos positionnements diplomatiques et au respect des droits fondamentaux. Les organisations syndicales devraient en ce sens être concrètement associées à l'élaboration et au respect des critères sociaux et environnementaux des aides publiques aux entreprises.

---

6. La Coface, à l'origine Compagnie française d'assurance pour le commerce extérieur, a été fondée en 1946 par l'État en tant qu'établissement public spécialisé dans l'assurance-crédit à l'exportation pour les entreprises. Depuis 1994, elle a été privatisée mais continue à gérer, pour le compte de l'État, des garanties destinées à soutenir les exportations françaises.
7. L'AFD, qui a pris le relais d'autres agences créées dès 1941 par la France libre, est une institution financière publique qui met en œuvre la politique définie par le gouvernement français en matière d'aide au développement par le biais de programmes induits principalement dans les pays du Sud.

Quelques pistes pour rendre la RSE encore plus opérante

Au-delà du triple conditionnement que nous venons d'évoquer, il conviendrait de prêter également attention aux aspects suivants.

• L'accent doit davantage être mis sur l'importance des relations professionnelles et de la négociation collective. Les travailleurs et leurs représentants doivent être informés, consultés et doivent pouvoir négocier s'ils le souhaitent le cadre de contrôle interne de la responsabilité sociale et environnementale de leur entreprise.

• Dans ce contexte, les accords-cadres internationaux (ACI) ont évidemment un rôle à jouer. Ces accords sont conclus dans le périmètre des grands groupes mondiaux (parmi les derniers en date, citons Thyssen Krupp ou Engie) entre les représentants des travailleurs de tous les pays concernés et les directions d'entreprise sur des sujets déterminés (accès à la formation, sécurisation des parcours professionnels, égalité professionnelle, respect des droits fondamentaux, etc.). Mais ils sont encore trop peu nombreux (moins de 150) et concernent encore très majoritairement des multinationales à base européenne[8]. Par ailleurs, ces accords-cadres internationaux doivent mieux associer dans leur négociation l'ensemble des travailleurs concernés : depuis ceux de la maison mère jusqu'à ceux des filiales, des sous-traitants ou des fournisseurs, sur l'ensemble de la chaîne. Il faut renforcer sur ce plan l'obligation de négociation des entreprises sur la base des conventions et recommandations de l'OIT.

• Parmi les nouvelles voies à explorer, il y a aussi celle de rendre le BIT compétent pour mettre en place un arbitrage sur

---

8. Voir ORSE (Observatoire sur la responsabilité sociale des entreprises), « Répertoire sur les pratiques des entreprises en matière de négociation des accords-cadres internationaux », www.orse.org, décembre 2006.

les différends entre employeurs et travailleurs quant à l'application d'un accord-cadre international.

Les entreprises multinationales ont toute latitude pour faire respecter la mise en œuvre des normes internationales du travail dans les territoires de leur champ d'activités, même dans les pays ne les ayant pas ratifiés. Pour le moins, elles devraient être co-responsables du respect des huit conventions fondamentales qui touchent aux libertés et aux droits humains.

Pourquoi ne pas imaginer demain un comité du BIT dédié aux firmes multinationales sur le modèle du comité de la liberté syndicale de l'OIT[9] ? Je le disais en introduction à ce chapitre : l'OIT suit plus qu'elle n'initie les débats sur la RSE : OCDE, ONU, G20 ou G7 se bousculent aussi pour produire des réflexions sur ce sujet. Or les principes directeurs de l'OCDE, par exemple, ne sont pas centrés sur les relations professionnelles : ils abordent bien d'autres sujets comme les droits de l'Homme, l'environnement, la corruption, la fiscalité. Pour renforcer sa raison d'être, l'OIT a une mission évidente à remplir sur les différentes questions relatives au travail dans les chaînes de sous-traitance. Un éventuel comité des firmes multinationales pourrait utilement traiter les plaintes venant signaler les éventuelles violations aux normes internationales du travail générées par les activités des multinationales ou les différends surgissant dans le cadre de l'application des accords-cadres internationaux, comme d'ailleurs dans le cas des accords de libre-échange, aux conditions évoquées au chapitre 11. Il ne s'agit là que de l'un des nombreux chantiers que l'OIT pourrait ouvrir à l'approche de son centenaire.

9. Voir chapitre 3.

Focus : lorsque des multinationales s'exonèrent des dégâts que génère leur relation d'affaire

- **Multinationale** : Carrefour, Auchan et tant d'autres...
- **Autres acteurs impliqués** : État bangladais
- **Secteur** : textile, distribution
- **Pays** : Bangladesh
- **Période** : 23 avril 2013
- **Victimes** : 1 135 morts, 2 000 blessés
- **Nature de l'infraction** : violation de la convention 81 de l'OIT sur l'inspection du travail par l'État bangladais, indécence des multinationales
- **Lanceurs d'alerte** : syndicats et ONG
- **Résumé de l'affaire** : le 23 avril 2013, un immeuble de huit étages, appelé Rana Plaza (le Palais de Rana, nom du propriétaire des lieux) situé dans la banlieue de Dacca, capitale du Bangladesh, s'effondre. On sortira des décombres 1 135 cadavres et des milliers de blessés. La grande majorité des victimes sont des ouvrières du textile. La veille du drame, plusieurs d'entre elles avaient quitté leur poste en constatant l'apparition de fissures inquiétantes, mais ordre leur a été donné le lendemain de reprendre le travail.

Le bâtiment hébergeait une demi-douzaine d'ateliers de confection travaillant presque exclusivement pour des marques occidentales. Ils produisaient des vêtements pour des marques connues distribuées par des géants de la distribution canadien, britannique, espagnol, américain... et français. En effet, des étiquettes des marques Tex (Carrefour), In Extenso (Auchan) et Camaïeu ont été retrouvées dans les décombres. Ces grands groupes ont d'abord nié avoir des liens avec des sous-traitants implantés dans l'immeuble. Les étiquettes seraient-elles celles des vêtements portés par les ouvrières ? On a aussi entendu qu'il pourrait s'agir d'ateliers clandestins produisant de la contrefaçon ! Quelle indécence !

Le drame a cependant marqué les esprits et l'opinion publique mondiale. Après lui, l'OIT a poussé les acteurs du secteur, grandes marques et syndicats de branche mondiaux, à signer un accord sur les conditions de travail dans le textile. Elle a aussi obtenu la création d'un fonds d'aide aux victimes qui reçoit des dons de ces multinationales : mais même celles qui ont versé n'ont jamais reconnu la moindre responsabilité, ni l'existence d'un préjudice à indemniser. Leur démarche est donc uniquement philanthropique.

Guerre ou paix, il faut choisir !

La photographie sociale du monde est des plus sombres. Elle souligne en contrepoint la pertinence des grands principes fondateurs de l'Organisation internationale du travail (OIT), et sa nécessaire intervention pour imposer un droit social international protecteur autant qu'émancipateur. Nous avons tenté de montrer dans ce livre combien il était important que l'OIT accoste sur de nouveaux rivages. Je voudrais, au terme de ce livre, revenir sur certains d'entre eux.

L'OIT doit se fixer de nouvelles frontières : à l'égard des ensembles régionaux tels que l'Union européenne ou des organisations multilatérales. Le FMI, la Banque Mondiale, l'OMC ou le G20 doivent être remis à leur place et cesser de dicter leurs « lois » aux États et aux autres organisations multilatérales.

Les entreprises, plus particulièrement bien sûr lorsqu'il s'agit de multinationales, doivent être à leur tour redevables de l'application du droit international du travail. Il est grand temps d'imaginer des mécanismes de contrôle de la conformité de leurs activités par rapport aux normes du travail, du type de ceux qui permettent d'engager la responsabilité des États. L'OIT est sans doute le lieu qui peut donner du sens à la responsabilisation sociale et environnementale des entreprises.

L'OIT doit intégrer de nouvelles problématiques à son éventail d'interventions : elle a son mot à dire pour qualifier et amortir l'impact sur le travail de la prise en compte des impératifs liés au respect de l'environnement et à la lutte contre le changement climatique. Elle est également attendue pour sa capacité à revivifier l'universalisme qui est son ADN, alors que la mondialisation exacerbe la mise en concurrence des travailleurs entre eux, ainsi que son corollaire : le repli sur soi nationaliste. Elle est enfin légitime pour aider l'humanité à mieux lutter contre l'extension toujours plus grande des logiques de marchandisation : éducation, santé, fonctions régaliennes, biens collectifs et biens publics, vivant. Il est grand temps de mettre fin aux appétits du marché.

L'OIT doit enfin se doter de nouveaux moyens d'action et redynamiser ses interventions : elle profiterait sans nul doute d'une banalisation des procédures de votes en son sein. La recherche de l'unanimité ou du consensus est trop souvent un subterfuge, utilisé par certains à dessein pour la rendre impuissante.

Pour illustrer l'importance de procéder à des votes plus réguliers au sein de l'Organisation, je voudrais revenir sur le traitement de la plainte contre le Qatar. Le 12 juin 2014, des délégués à la conférence, emmenés par Luc Cortebeeck, porte-parole des travailleurs, déposent une plainte contre le Qatar au titre des infractions sur le travail forcé et l'inspection du travail. En novembre de la même année, la plainte est jugée recevable, le dossier est à l'instruction. En mars 2015 le gouvernement qatari s'appuie sur la complaisance de nombreux partenaires économiques et politiques pour gagner du temps, le Conseil ne prend aucune mesure significative.

En novembre 2015, nouveau point de la situation qui n'a guère évolué pour les travailleurs alors que le Qatar multiplie les promesses d'amélioration et les pressions internationales pour tenter d'échapper à un examen approfondi de sa situation sociale.

Le risque d'un enlisement est réel. C'est alors que le groupe des travailleurs, comme les statuts le lui permettent, demande un vote formel du conseil d'administration pour enjoindre le Qatar à recevoir une mission officielle de l'OIT sur son territoire. J'ai défendu cette option pour que chacun soit mis devant ses responsabilités et pour que la crédibilité de l'OIT soit préservée, bien conscient que ce n'était pas le mode de prise de décisions habituel. Il n'y avait pas eu de vote semblable depuis près de quinze ans... !

Par 35 voix pour, 13 contre et 7 abstentions, la mission est validée et le processus va enfin suivre son cours.

Cet épisode illustre combien il serait nécessaire de considérer le vote au sein du conseil comme une procédure normale de fonctionnement à propos des débats qui portent sur le cœur des missions de l'institution.

De même, pourquoi ne pas confier à l'OIT la mission d'établir une notation sociale des pays qualifiant leur degré de performance à l'égard des normes du travail ? Il s'agirait de prendre en compte le niveau de ratification, la qualité des textes ratifiés, et bien évidemment la qualité de leur mise en œuvre dans chaque pays, sur la base de l'examen des plaintes et observations que sa mauvaise application peut générer. Ce serait une bonne base pour imaginer les moyens de renforcement du régime de sanctions, face aux cas avérés de violation. On a aussi évoqué le rôle que l'OIT doit jouer dans l'établissement d'une clause sociale dans les accords de libre-échange et dans le mouvement irrépressible qui doit conduire les multinationales à respecter, comme les États, l'ensemble des conventions et recommandations.

Ces quelques propositions, qui s'ajoutent ou complètent l'ensemble de celles qui composent ce livre, sont les conditions pour que cesse la troisième guerre mondiale, qui est clairement sociale, et pour que l'OIT renoue avec sa vocation première : gagner la paix en garantissant la prospérité de tous. Cela suppose d'étoffer, de renforcer, d'étendre les réglementations sociales à l'ensemble des travailleurs de la planète[1]. C'est le seul moyen pour que cesse la

1. À ce sujet, l'une des futures normes les plus attendues concerne les violences sur le lieu de travail, notamment celles dont sont victimes les femmes. Il est grand temps de la mettre à l'ordre du jour des travaux de la

mise en concurrence des travailleurs entre eux. Pourtant, non seulement cette idée simple est aujourd'hui loin d'être partagée, mais c'est même le chemin inverse qui est emprunté. Nombre de gouvernements, quelle que soit leur sensibilité, ne jurent que par la dérégulation du droit du travail, ce qui signifie qu'ils considèrent, au mépris de la déclaration de Philadelphie, ce travail comme une variable d'ajustement, en clair une marchandise comme une autre.

La plupart des gouvernements européens et l'Union européenne elle-même se sont engagés dans de violentes politiques de rigueur appuyées en grande partie sur une logique de dérégulation du travail. Dans de nombreux pays développés, au-delà même de l'Europe, la facture colossale générée par le sauvetage des banques a été adressée aux plus fragiles et aux plus pauvres tandis que les fauteurs de crise sont largement épargnés. Or tout démontre la faillite de ce double choix politique mixant austérité et attaques contre les normes du travail : sur fond de désarroi social, de paupérisation, de perte de confiance dans l'avenir et d'incertitudes générées par les attaques contre les systèmes de solidarité, l'économie ne peut renouer avec la croissance. Depuis maintenant plus de sept ans, ces politiques suicidaires, censées nous sortir d'une crise qui n'en finit plus, exposent au contraire les pays européens qui les subissent aux risques d'un repli sur soi souverainiste et de l'explosion de la xénophobie. On mesure aujourd'hui les dégâts sociaux de ces politiques économiques qui par leurs effets induits sapent les bases du pacte républicain.

Le précédent président de la République française faisait mine de s'intéresser à la dimension sociale de la mondialisation. Il se gargarisait de formules, prônant la conditionnalité sociale et environnementale s'appliquant aux institutions financières internationales et aux États, la mise au pas de la finance, l'institution ou le renforcement des systèmes de protection sociale face à la crise, le

conférence, comme l'a d'ailleurs demandé Claude Jeannerot, le représentant du gouvernement français au conseil d'administration du BIT.

caractère impératif de normes internationales du travail assorties d'un régime de sanctions, le choix de politiques de relance par le soutien à la demande, etc. Dans un grand écart politique dont il avait le secret, il prônait à l'étranger le contraire de ce qu'il faisait en France, jouant deux partitions en même temps : sur la scène internationale, il tentait d'apparaître comme l'avocat du social et de la régulation, sur la scène nationale française, il déroulait une politique qui faisait de lui l'apôtre de l'austérité.

Son successeur est sans doute moins vulgaire. Il ne se hasarde pas à promettre le socialisme à l'échelle de l'humanité. Ni même à l'échelle de la France d'ailleurs. Mais il sifflote aussi cette petite musique qui laisse entendre que pour être plus juste, la mondialisation se devrait d'emprunter le chemin de « l'harmonisation par le milieu » : les pays les moins dotés devraient s'engager dans la mise en œuvre ou le renforcement de régulations du travail, tandis que les pays les plus en pointe devraient quant à eux assouplir les leurs pour gagner en compétitivité. Cette logique est mortifère, elle fait le lit de l'extrême droite en laissant apparaître l'autre travailleur comme un dangereux concurrent qui, lorsqu'il ne vient pas directement chez nous, est aussi le facteur explicatif avancé par les gouvernements pour s'en prendre aux droits et aux garanties sociales.

Certains pays du Sud, notamment en Amérique latine, ont pourtant tendance à adopter une position exactement symétrique : jusqu'à la première moitié des années 2010, ils se sont montrés réticents à fixer des règles internationales en matière sociale ou de régulation de la finance tout en développant nationalement, à la faveur de la croissance dont ils bénéficiaient, d'ambitieuses politiques sociales et de soutien à la demande interne. Depuis 2015, le processus de croissance de ces pays s'est ralenti du fait d'une part de la chute spectaculaire des prix des matières premières et d'autre part du ralentissement de la croissance chinoise fragilisant, sans les faire disparaître, les acquis des politiques des années précédentes.

Les expériences internationales ne sont servies en exemple que si elles viennent en appui d'orientations politiques déjà décidées.

L'heure est en France à la dérégulation du travail, c'est le sens poursuivi tant par le rapport Combrexelle que par les charges politiques de figures du droit comme Robert Badinter et Antoine Lyon-Caen. Ces travaux sonnent l'hallali contre un code du travail qui serait, à leurs yeux, responsable du chômage. Personne n'est en capacité de faire la démonstration de cette affirmation gratuite. Qui peut croire un seul instant que faciliter les licenciements crée des emplois ?

À ceux qui sont convaincus du contraire, je propose un regard rapide dans le rétroviseur. Grande mesure phare annoncée en France en 2008 : la rupture conventionnelle. Près de 2 millions de séparations dites « amiables » sont ainsi conclues pour répondre à la « peur d'embaucher ». Parallèlement, le chômage atteint des records historiques !

Comment oser amoindrir les filets de protection alors que de plus en plus de nos concitoyens sont jetés dans le chômage et la précarité ?

Les orientations qui semblent inspirer la refonte du code du travail en France, qui veulent renforcer la place des accords d'entreprise au détriment de la loi et des négociations de branche, portent au moins un triple danger. Dans la grande majorité des cas, c'est l'employeur qui se retrouvera en position de force pour imposer ses règles sociales au niveau de l'entreprise. Loin de simplifier le droit du travail comme on nous l'annonce, ce mouvement rendrait plus complexe encore la compréhension du droit par les salariés, qui ne manqueront pas de constater les grandes disparités de traitement dont ils seront les premières victimes. Enfin, et ce n'est pas la moindre des conséquences, la compétitivité des entreprises d'un même secteur d'activité s'exercera par la course au moins-disant social qui sera exacerbée.

Les exemples ne manquent pas de ces pays qui ont emprunté ce dangereux chemin de dérégulation extrême pour se retrouver finalement dans un cul-de-sac économique, politique et social. Il en est ainsi par exemple du naufrage de la Géorgie lorsqu'elle était gouvernée par Mikhaïl Saakachvili, de 2008 à 2013. Cet ultralibéral a amené son pays au bord du gouffre lors de sa mandature. Très rapidement après son élection en 2008, il désigne son ennemi intérieur : le code du travail, mais aussi ceux qui le défendent, nos camarades de la confédération géorgienne des syndicats (GTUC) présidée par Irakli Petriaschvili. À grand renfort de publicité dans la presse économique américaine ou britannique, Saakachvili invite les entrepreneurs et investisseurs de tous pays à se réunir en Géorgie et leur vend l'image du premier pays libéré du code du travail. Il organise le basculement d'un système régulé vers l'informalité généralisée, prenant le contre-pied de l'Organisation internationale du travail qui dispose d'une norme favorisant le passage de l'économie informelle vers l'économie formelle.

Le nouveau code du travail géorgien compte à peine une cinquantaine d'articles et tient sur quelques dizaines de pages. Il se résume à de grands principes qui font froid dans le dos. En matière de contrat de travail par exemple, il établit que puisque la relation de travail se déroule par définition entre « adultes consentants » (sans doute parce que le travail des enfants reste interdit...), il ne nécessite plus obligatoirement l'établissement d'un contrat de travail entre les parties. Une caricature ? Oui, mais elle « régit » le quotidien de quelque quatre millions d'habitants de cette petite république du Caucase et c'est la réalité pour un travailleur sur deux dans le monde qui n'a aucun contrat de travail.

Relation de cause à effet, plus de la moitié de la population mondiale vit dans des pays qui ne protègent ni le droit de grève ni la liberté syndicale.

Du mondial au local, la régulation du travail ne peut adopter qu'une seule architecture si elle veut jouer son rôle de protection des travailleurs et de leurs familles : celui d'une hiérarchie des normes qui fasse du code international du travail l'échelon de base n'étant susceptible que d'amélioration par les échelons nationaux et leurs déclinaisons territoriales ou de branches, en fonction des modèles de relations du travail à l'œuvre dans les différents pays.

Un système de poupées russes qui évitera d'autant mieux la mise en concurrence des travailleurs entre eux que l'échelon international, le code mondial du travail, sera développé et ambitieux. D'où la nécessité d'améliorer, d'étendre et de renforcer le système des normes internationales du travail dont l'OIT est la promotrice et la garante depuis près d'un siècle.

Annexes

ANNEXE 1

Déclaration concernant les buts et objectifs de l'Organisation internationale du travail

La Conférence générale de l'Organisation internationale du travail, réunie à Philadelphie en sa vingt-sixième session, adopte, ce dixième jour de mai 1944, la présente Déclaration des buts et objectifs de l'Organisation internationale du travail, ainsi que des principes dont devrait s'inspirer la politique de ses membres.

Article I

La Conférence affirme à nouveau les principes fondamentaux sur lesquels est fondée l'Organisation, à savoir notamment :

- le travail n'est pas une marchandise ;
- la liberté d'expression et d'association est une condition indispensable d'un progrès soutenu ;
- la pauvreté, où qu'elle existe, constitue un danger pour la prospérité de tous ;
- la lutte contre le besoin doit être menée avec une inlassable énergie au sein de chaque nation et par un effort international continu et concerté dans lequel les représentants des travailleurs et des employeurs, coopérant sur un pied d'égalité avec ceux des gouvernements, participent à de libres discussions et à des déci-

sions de caractère démocratique en vue de promouvoir le bien commun.

Article II

Convaincue que l'expérience a pleinement démontré le bien-fondé de la déclaration contenue dans la Constitution de l'Organisation internationale du travail, et d'après laquelle une paix durable ne peut être établie que sur la base de la justice sociale, la Conférence affirme que :

- tous les êtres humains, quels que soient leur race, leur croyance ou leur sexe, ont le droit de poursuivre leur progrès matériel et leur développement spirituel dans la liberté et la dignité, dans la sécurité économique et avec des chances égales ;
- la réalisation des conditions permettant d'aboutir à ce résultat doit constituer le but central de toute politique nationale et internationale ;
- tous les programmes d'action et mesures prises sur le plan national et international, notamment dans le domaine économique et financier, doivent être appréciés de ce point de vue et acceptés seulement dans la mesure où ils apparaissent de nature à favoriser, et non à entraver, l'accomplissement de cet objectif fondamental ;
- il incombe à l'Organisation internationale du travail d'examiner et de considérer à la lumière de cet objectif fondamental, dans le domaine international, tous les programmes d'action et mesures d'ordre économique et financier ;
- en s'acquittant des tâches qui lui sont confiées, l'Organisation internationale du travail, après avoir tenu compte de tous les facteurs économiques et financiers pertinents, a qualité pour inclure dans ses décisions et recommandations toutes dispositions qu'elle juge appropriées.

Article III

La Conférence reconnaît l'obligation solennelle pour l'Organisation internationale du travail de seconder la mise en œuvre, parmi les différentes nations du monde, de programmes propres à réaliser :

- la plénitude de l'emploi et l'élévation des niveaux de vie ;
- l'emploi des travailleurs à des occupations où ils aient la satisfaction de donner toute la mesure de leur habileté et de leurs connaissances et de contribuer le mieux au bien-être commun ;
- pour atteindre ce but, la mise en œuvre, moyennant garanties adéquates pour tous les intéressés, de possibilités de formation et de moyens propres à faciliter les transferts de travailleurs, y compris les migrations de main-d'œuvre et de colons ;
- la possibilité pour tous d'une participation équitable aux fruits du progrès en matière de salaires et de gains, de durée du travail et autres conditions de travail, et un salaire minimum vital pour tous ceux qui ont un emploi et ont besoin d'une telle protection ;
- la reconnaissance effective du droit de négociation collective et la coopération des employeurs et de la main-d'œuvre pour l'amélioration continue de l'organisation de la production, ainsi que la collaboration des travailleurs et des employeurs à l'élaboration et à l'application de la politique sociale et économique ;
- l'extension des mesures de sécurité sociale en vue d'assurer un revenu de base à tous ceux qui ont besoin d'une telle protection, ainsi que des soins médicaux complets ;
- une protection adéquate de la vie et de la santé des travailleurs dans toutes les occupations ;
- la protection de l'enfance et de la maternité ;
- un niveau adéquat d'alimentation, de logement et de moyens de récréation et de culture ;
- la garantie de chances égales dans le domaine éducatif et professionnel.

Article IV

Convaincue qu'une utilisation plus complète et plus large des ressources productives du monde, nécessaire à l'accomplissement des objectifs énumérés dans la présente Déclaration, peut être assurée par une action efficace sur le plan international et national, et notamment par des mesures tendant à promouvoir l'expansion de la production et de la consommation, à éviter des fluctuations économiques graves, à réaliser l'avancement économique et social des régions dont la mise en valeur est peu avancée, à assurer une plus grande stabilité des prix mondiaux des matières premières et denrées, et à promouvoir un commerce international de volume élevé et constant, la Conférence promet l'entière collaboration de l'Organisation internationale du travail avec tous les organismes internationaux auxquels pourra être confiée une part de responsabilité dans cette grande tâche, ainsi que dans l'amélioration de la santé, de l'éducation et du bien-être de tous les peuples.

Article V

La Conférence affirme que les principes énoncés dans la présente Déclaration sont pleinement applicables à tous les peuples du monde, et que, si, dans les modalités de leur application, il doit être dûment tenu compte du degré de développement social et économique de chaque peuple, leur application progressive aux peuples qui sont encore dépendants, aussi bien qu'à ceux qui ont atteint le stade où ils se gouvernent eux-mêmes, intéresse l'ensemble du monde civilisé.

ANNEXE 2

Les conventions fondamentales de l'OIT

Le conseil d'administration du BIT a qualifié de « fondamentales » huit conventions qui traitent de questions considérées comme des principes et des droits fondamentaux au travail : liberté syndicale et reconnaissance effective du droit de négociation collective, élimination de toute forme de travail forcé ou obligatoire, abolition effective du travail des enfants et élimination de la discrimination en matière d'emploi et de profession. Ces conventions sont :

- la convention (n° 29) sur le travail forcé, 1930 ;
- la convention (n° 87) sur la liberté syndicale et la protection du droit syndical, 1948 ;
- la convention (n° 98) sur le droit d'organisation et de négociation collective, 1949 ;
- la convention (n° 100) sur l'égalité de rémunération, 1951 ;
- la convention (n° 105) sur l'abolition du travail forcé, 1957 ;
- la convention (n° 111) sur la discrimination (emploi et profession), 1958 ;
- la convention (n° 138) sur l'âge minimum, 1973 ;
- la convention (n° 182) sur les pires formes de travail des enfants, 1999.

Elles sont complétées par quatre conventions techniques prioritaires appelées aussi « convention de gouvernance » encourageant ainsi les États membres à les ratifier en raison de leur importance pour le fonctionnement du système des normes internationales du travail :

- La convention (n° 81) sur l'inspection du travail, 1947 ;
- La convention (n° 122) sur la politique de l'emploi, 1964 ;
- La convention (n° 129) sur l'inspection du travail (agriculture), 1969 ;
- La convention (n° 144) sur les consultations tripartites relatives aux normes internationales du travail, 1976.

Annexe 3

Composition du conseil d'administration de l'OIT (2014-2017)

Pays	Nombre de conventions fondamentales ratifiées (sur 8)
Algérie	8
Allemagne*	8
Angola	8
Argentine	8
Brésil*	7
Bulgarie	8
Cambodge	8
Chine*	4
République de Corée	4
Émirats arabes unis	6
États-Unis*	2
France*	8
Ghana	8
Inde*	4
Iran	5

Pays	Nombre de conventions fondamentales ratifiées (sur 8)
Italie*	8
Japon*	6
Kenya	7
Mexique	7
Panama	8
Roumanie	8
Royaume-Uni*	8
Russie*	8
Soudan	7
Trinité et Tobago	8
Turquie	8
Venezuela	8
Zimbabwe	8

* Pays détenant un siège permanent au titre des « États ayant l'importance industrielle la plus considérable ».

Délégués travailleurs	Pays
K. Asamoah	Ghana
F. Atwoli	Kenya
A. Buntenbach	Allemagne
R. Chandrasekheran	Inde
L. Cortebeeck (porte-parole)	Belgique
M. Francisco	Angola
S. Gurnay	Royaume-Uni
G. Jiang	Chine
H. Kelly	Nouvelle-Zélande

Délégués travailleurs	Pays
G. Martinez	Argentine
K. Ross	États-Unis
T. Sakurada	Japon
M. Shmakov	Russie
B. Thibault (CGT)	France
Délégués employeurs	
S. de Regli	Mexique
A. Echavarria Saldarriaga	Colombie
R. Golberg	États-Unis
R. Hornung-Draus	Allemagne
H. Matsui	Japon
K. Mattar	Émirats arabes unis
M. Megateli	Algérie
Y. Modi	Inde
J. Mugo	Kenya
P. O'Reilly	Nouvelle-Zélande
G. Pineau (Medef)	France
J. Ronnest (porte-parole)	Danemark
C. Syder	Royaume-Uni
A. Yuma	Congo

Commentaire : onze États sur les vingt-huit siégeant au conseil d'administration de l'OIT n'ont pas ratifié la totalité des normes fondamentales du travail. N'est-on pas en droit d'attendre de ceux qui ont en charge de gérer l'institution, de fixer son programme d'action, d'examiner les suites à donner aux plaintes déposées par les mandants d'être des références pour les ratifications ? Ne faudrait-il pas ériger comme condition d'accès au conseil d'administration pour les États l'exigence d'avoir ratifié la totalité des conventions fondamentales ?

ANNEXE 4

Quelques repères simplifiés sur la gouvernance du monde

Voilà quelques repères qui permettent de mieux situer le contexte et les lieux de décisions concernant la marche du monde.

L'Organisation des Nations unies (ONU), 1945

L'idée qui préside à la création de l'Organisation des Nations unies (ONU) est celle de fonder un organisme international capable de garantir durablement la paix à l'échelle du monde.

Elle s'exprime en pleine guerre mondiale. C'est en 1941 que Roosevelt, président des États-Unis, exprime pour la première fois le besoin de « nations unies » avec la perspective de garantir la paix dans le monde.

Le 25 avril 1945 est signée à San Francisco la « charte des Nations unies » par la Chine, les États-Unis, le Royaume-Uni, la France, l'Union soviétique et quarante-cinq autres pays pour une entrée en vigueur le 24 octobre 1945.

L'idée maîtresse de préservation de la paix repose sur quelques grands principes :

- l'égalité souveraine de tous les États, quelles que soient leur taille ou leur puissance ;
- la non-ingérence dans les affaires intérieures de chaque pays ;
- le droit des peuples à disposer d'eux-mêmes ;
- le règlement pacifique des litiges entre les pays.

Il y a aujourd'hui 193 États membres de l'ONU dont le siège est à New York.

L'organisation s'est dotée de différents instruments pour atteindre ses objectifs :

• un conseil de sécurité de 15 membres dont 5 permanents (Chine, États-Unis, Russie, France, Royaume-Uni) ;

• une Cour de justice internationale (CIJ) pour traiter des différends d'ordre juridique entre États ;

• un conseil économique et social, partant du constat que le développement économique, social et culturel est un gage pour la stabilité mondiale.

Chaque pays participe au financement de l'organisation en fonction de ses capacités financières.

L'ONU dispose :

• de programmes particuliers comme le Programme des Nations unies pour le développement (Pnud) ;

• d'institutions spécialisées :

– l'Organisation internationale du travail (OIT) ;

– l'Organisation mondiale de la santé (OMS) ;

– l'Organisation des Nations unies pour l'alimentation et l'agriculture (FAO) ;

– l'Organisation des Nations unies pour l'éducation, la science et la culture (UNESCO) ;

• d'organisations à vocation économique et financière dont la Banque mondiale et le Fonds monétaire international (FMI).

Le G20

G pour gouvernements, 20 pour le nombre de pays que cette assemblée réunie, en réalité 19 auxquels s'ajoute l'Union européenne ès qualités.

C'est après le premier choc pétrolier et ses répercussions économiques internationales qu'apparaît pour les principales puissances la nécessité de se concerter en marge des institutions officielles pour sauvegarder leurs propres intérêts.

En 1975 un premier sommet à Rambouillet réuni les ministres des Finances et les gouverneurs des banques centrales des 6 plus grandes puissances du moment : les États-Unis, le Japon et quatre pays européens (Allemagne, Royaume-Uni, France, Italie). C'est le G6.

En 1977, le Canada est convié à la table, c'est le G7 auquel l'Union européenne est aussi invitée.

En 1997 un 8e pays est admis dans le cercle restreint, c'est la Russie.

Le G8 est ainsi formé de puissances économiques de l'hémisphère Nord qui couvrent 14 % de la population mondiale et 65 % des richesses produites.

En 1999 le G20 apparaît.

L'organisation mondiale du commerce (OMC)

Né en 1994, l'OMC n'est pas une agence de l'ONU. Elle trouve ses origines en 1948, lorsque vingt-trois pays signent à Genève le General Agreement on Tariffs and Trade (GATT) un accord général sur les tarifs douaniers et le commerce qui vise à relancer le commerce international en abaissant les barrières douanières. Il sera remplacé, en 1995, par l'Organisation mondiale du commerce (OMC) dont le but est de favoriser l'ouverture commerciale et de réduire les obstacles au libre-échange.

L'OMC intervient dans les domaines du commerce des marchandises (GATT), des services (AGCS), des biens agricoles (ASA) et industriels ainsi que de la propriété intellectuelle.

162 pays sont membres de l'OMC.

Liste des sigles

ACI : accords-cadres internationaux
AFD : Agence française de développement
AGCS : Accord général sur le commerce des services
AIT : Association internationale des travailleurs
ALE : accord de libre-échange
ASA : Accord sur l'agriculture
Attac : Association pour la taxation des transactions financières et pour l'action citoyenne
BIRD : Banque internationale pour la reconstruction et le développement
BIT : Bureau international du travail
BNP : Banque nationale de Paris
CA : conseil d'administration
CADTM : Comité pour l'annulation de la dette du tiers-monde
CCFD : Comité catholique contre la faim et pour le développement - Terre Solidaire
CE : Commission européenne
CES : Confédération européenne des syndicats
Cese : Conseil économique et social européen
CFDT : Confédération française démocratique du travail
CFTC : Confédération française des travailleurs chrétiens
CGT : Confédération générale du travail
CISL : Confédération internationale des syndicats libres
CIT : Conférence internationale du travail
CJCE : Cour de justice des communautés européennes
CIJ : Cour internationale de justice
CSF : Conseil de stabilité financière

CSI : Confédération syndicale internationale
CMT : Confédération mondiale du travail
CNE : contrat nouvelle embauche
Coface : Compagnie française d'assurance pour le commerce extérieur
CPE : contrat première embauche
COP21 : Conférence des parties (qui s'est tenue à Paris)
ECOSOC : Economic and Social Council, Conseil économique et social des Nations unies
FAO : Organisation des Nations unies pour l'alimentation et l'agriculture
FMI : Fonds monétaire international
FN : Front national
FNPR : Fédération des syndicats russes indépendants
FO : Force ouvrière
FSM : Fédération syndicale mondiale
GATT : Accord général sur les tarifs douaniers et le commerce
GES : gaz à effets de serre
GTUC : Confédération géorgienne des syndicats
INSEE : Institut national de la statistique et des études économiques
ISO : Organisation internationale de la normalisation
LBO : Leveraged Buy Out
LDH : Ligue des droits de l'Homme
LLP : ligne de liquidité et de précaution
Medef : Mouvement des entreprises de France
NIT : normes internationales du travail
NTIC : nouvelles technologies de l'information et de la communication
OCDE : Organisation de coopération et de développement économiques
OIE : Organisation internationale des employeurs
OIT : Organisation internationale du travail
OMC : Organisation mondiale du commerce
OMS : Organisation mondiale de la santé
ONG : organisation non gouvernementale
ONU : Organisation des Nations unies
OTAN : Organisation du traité de l'Atlantique nord
PAC : Politique agricole commune
PCN : points de contacts nationaux
PIB : produit intérieur brut
Pnud : Programme des Nations unies pour le développement

Pnue : Programme des Nations unies pour l'environnement
PTCI : Partenariat transatlantique de commerce et d'investissement
RDIE : règlement des différends entre investisseurs et États
REACH : Registration, Evaluation, Authorization and Restriction of Chemicals
RSE : responsabilité sociale des entreprises
SITRAMJ : Syndicat des travailleurs de la municipalité de Jalapa
SPG : système de préférences généralisées
TAFTA : *Trans-Atlantic Free Trade Agreement*
TSCG : Traité sur la stabilité, la coordination et la gouvernance
TUC : Trades Union Congress. En français Congrès des syndicats du Royaume-Uni
UE : Union européenne
UNESCO : United Nations Educational, Scientific and Cultural Organization, Organisation des Nations unies pour l'éducation, la science et la culture
URSS : Union des républiques socialistes

Remerciements

Je veux en tout premier lieu remercier Pierre Coutaz, sans qui la conception et la rédaction de cet ouvrage n'auraient pas été possibles. Passionné et pertinent, il a mis autant d'énergie au service de cette réalisation qu'il en déploie au quotidien pour m'accompagner dans mon mandat d'administrateur du BIT.

Mes remerciements s'adressent également au département de la recherche du BIT pour nous avoir facilité l'accès à ses travaux d'études ainsi qu'au « bureau des activités pour les travailleurs » (Actrav) pour les nombreuses conversations qui ont permis de conforter des convictions.

Enfin, merci à Bernard Stéphan et à l'équipe des Éditions de l'Atelier qui ont accepté le pari d'accueillir dans leurs collections un livre au titre délibérément sombre mais qui veut ouvrir sur un monde meilleur.

Présentation des auteurs

Né en 1959, **Bernard Thibault** a été cheminot à la SNCF à partir de 1974. Il a exercé diverses responsabilités au sein de la fédération CGT des cheminots : secrétaire du syndicat de Pajol-Villette (1980-1982), puis du secteur de Paris-Est (1982-1987), il a été secrétaire général adjoint (1988-1993) puis secrétaire général (1993-1999) de la fédération des cheminots. Élu secrétaire général de la CGT en 1999, il a exercé cette responsabilité jusqu'en 2013. En 2014, il a été élu en tant que membre du collège travailleurs au conseil d'administration du BIT. Il est l'auteur de deux livres : *Qu'est-ce que la CGT ?* (L'Archipel, 2002) et *Ma voie ouvrière* (Stock, 2004).

Né en 1972, **Pierre Coutaz** a été chargé de mission au service culturel de l'ambassade de France à Moscou de 1993 à 1996, puis directeur du département international d'un cabinet d'expertise sociale de 1997 à 2008. En 2008, il est devenu conseiller au département international de la CGT et collaborateur de Bernard Thibault pour ses activités auprès de l'OIT. Il est l'auteur, sous le nom de Pierre Znamensky, de l'ouvrage *Sous les plis du drapeau rouge* (Éditions du Rouergue, 2010).

L'intégralité des droits d'auteur de cet ouvrage seront reversés à la CGT.

Table des matières

Troisième partie
Les nouvelles frontières du droit international du travail

Quatrième partie
L'entreprise, zone hors-la-loi internationale du travail ?

Annexes

Mise en page : Le vent se lève...

Achevé d'imprimer par Corlet, imprimeur, S.A.
14110 Condé-sur-Noireau
N° d'éditeur : 6500 – N° fab. : 6725 – N° d'imprimeur : 178352
Dépôt légal : avril 2016
Imprimé en France